多文化共生・障がい・
家庭支援・医療的ケア

すべての子どもの権利を実現する

インクルーシブ保育へ

inclusive

芦澤清音 Ashizawa Kiyone ＋ 浜谷直人 Hamatani Naoto ＋ 五十嵐元子 Igarashi Motoko ＋ 林 恵 Hayashi Megumi
＋ 三山 岳 Miyama Gaku ＋ 飯野雄大 Iino Takehiro ＋ 山本理絵 Yamamoto Rie

ひとなる書房

はじめに

五歳児クラスに入園してきた外国籍の男の子。よくおもらしをして、一斉活動から外れて勝手な行動をする「気になる子」と思われていました。家庭では一人でトイレに行っていて、おもらしをすることはないとのことでした。その園では、活動の切り替えのときに、保育者の声かけで一斉にトイレに行くことになっています。活動中にトイレに行きたくなって歩きだすと、保育者に呼び止められ、「bathroom（バスルーム）」（トイレの意味で使われることがある）と伝えても、「今、シャワーはできないよ」とわかってもらえずに連れ戻されていました。トイレだとやっとわかってもらえたのは、数ヵ月たってからでした。笑い話のようですが、言葉が通じない中で、集団のルールに従うことを求められた男の子がどれほど困っていたかは容易に想像できます。

園には、多様な背景をもつ子どもがいます。障がいや発達上の困難があると思われる子には、加配の保育者がつき、その子に合わせた保育が心がけられることが多くなりました。最近は、一斉活動に入ることを強く求められることが少なくなってきて、加配の保育者と二人で別室で過ごしたり、部屋の片隅で一対一で過ごしたりしている場面をよく見かけます。

家庭が不安定で、落ち着かない子どももいます。自分の腕をかんで、「かまれた！」と保育者に訴えたり、週末が近づくとイライラしてすぐに泣いたり怒ったり、週明けは荒れて、手が出たり、暴言を吐いたり、友だちと遊べなくなったり。そんな子どもの姿に、保育者は、できるだけ寄り添おうとします。

障がいや不適切な養育環境を背景にもつ子どもには、丁寧に個別の対応がとられることが多いのですが、外国にルーツのある子どもの場合、保護者の対応にエネルギーがそがれ、子どもの気持ちや行動の背景、あるいは育ちに深く心を寄せる余裕がなくなってしまっていることも少なくないように感じます。そのような子どもの急速な広がりに、保育現場の条件整備が追いついていないということもあるでしょう。

このように、多様な子どもがいるのが保育の現状です。保育者は、できるだけ一人ひとりの子どもに合わせた保育をしたいと考えた結果、問題解決的保育になり、個別対応や子どもをタイプに分けて対応するような分離した保育が展開されがちです。しかし、分類や解決ではなく、多様な子どもが、お互いに関心をもち、かかわりながら育ち合う保育はできないものでしょうか。

私たちは、どの子も排除されることなく、一人ひとりの意見がいかされ、多様な子どもがいるからこそ豊かな環境が生み出され、子どもが相互に影響しながら生きいきと育ち合っていく保育をインクルーシブ保育と呼んでいます。それは、いったいどのような保育なのか、何が大事にされ、どのようにできていくのか、本書では、その一つひとつのプロセスを、実践と理論を行き来しながら、みなさんと一緒に考えていきたいと思います。

芦澤清音

もくじ

第I部
実践から学ぶインクルーシブ保育のポイント

第II部

インクルーシブ保育への道しるべ

——多様性と参加をキーワードに

第2章　多種多様なインクルーシブ保育が共有する原則とは

本書では数多くの実践やエピソードを紹介しています。必ずしも十分とはいえない条件のもとで日々奮闘し、新しい保育を切りひらいておられる保育者、精一杯今を生きる子どもたち・保護者のみなさんに心より感謝と敬意を表します。掲載にあたり、以下のように対応しました。

・保育者による記録や保育者からの聞き取りは、内容の本質を変えない範囲で一部編集しています。また、登場する当事者の個人情報と人権を保護するために、子どもたちの名前はすべて仮名とし、事実関係や表現を適宜変更しています。保育者には、前後の文脈・考察を含めて確認いただき、いただいた指摘をもとにさらに修正しました。

・写真は関係者の許諾をいただいたもののみ掲載しています。

・性の多様性を尊重する立場から、子どもの名前につく「ちゃん」「くん」など特定の性別を想起させる呼称詞は、実際のやりとりや保育者の語りを引用している部分などをのぞき、割愛しています。

・保育者の呼称は、「○○保育士」など特定の保育者を指す箇所をのぞき、原則として、さまざまな施設や雇用形態、役職で働く保育者の総称としての「保育者」を使用しています。

編著者一同

序章

インクルーシブ保育の風景

日常の中で感じる違和感を大切に

浜谷直人

1　インクルーシブ保育は統合保育とは本質的に異なる保育です

インクルーシブ保育という言葉をよく聞くようになりました。これまで、障がい児などの支援が必要な子ども（以下、支援児とします）を受け入れる保育のことを、「統合保育」という言葉で理解してきた保育者は少なくないと思います。統合保育という言葉は、時代が変わってインクルーシブ保育と呼ばれるようになった――そう思っているかもしれません。ところが、統合保育のすべてがインクルーシブ保育であるというわけではありません。ときには、まったく正反対で異質な保育になります。最初にこの点を確認したいと思います。

わが国では、一九八〇年代ごろから、障がい児を受け入れている保育のことを、統合保育という名称で呼んできました。これは、健常児と呼ばれる集団の保育に、特別な配慮をして支援児も一緒にいる（統合する）ことができる保育を目指したものです。統合保育という言葉を使いはじめた当時、たいていの園では、子どもたちの大多数が健常児と呼ばれ、支援児は、ごく少数（クラスで、せいぜい一名とか二名）という状況でした。そして保育者は、健常児集団（均質な多数の子ども）を前提とした保育を計画し、それに支援児（少数の子ども）が参加できるように配慮・支援を行うという保育を行っていました。

その当時、私たちは、支援児の発達を伸ばしたり、障がいを軽減したりすることによって、支援児が保育に参加できるようになると考えていました。筆者は、多くの保育者から、「加配の先生がいつも、支援児のそばについて、次に何をしたらいいかを教えたり、みんなと同じことができるように手伝っているけれど、そういうことをしても、支援児が仲間と一緒に楽しく参加することができるようになるのか疑問」という声（違和感）をたくさん聴きました。また、支援児だけが個別に抽出されて、発達を促し、障がいを軽減するという目的で、言語指導、ソーシャルスキルトレーニング（SST）などの個別のプログラムや小集団プログラムの場で訓練されることがありました。支援児に対して何か専門的な手立てをする必要はあるかもしれないが、それは、「私たちが保育の基本として大事にしてきたことと何か違うよね」というとまどい（違和感）がありました。

ふり返ってみると、統合保育の時代においても、実際には、インクルーシブな保育が実践される事例がありました。ただ、統合保育の発想（理論）は、インクルーシブ保育とは本質的に異なったものでした。

まず、最重要な違いですが、インクルーシブ保育は、支援児だけが特別な子どもという見方に立ちません。健常児もまた、一人ひとりが違うこと（多様性）を前提とします。すべての子どもが、一人ひとりかけがえのない、特別であり異なる子どもであるということが基本です。

次に、そのうえで、子どもたちが対等な関係で平等に活動に参加する（排除されない）保育をつくろうとするものです。だから、支援児だけが、みんなと同じことをするように促される保育ではなくなります。また、子どもは一人ひとり多様に発達することを価値とします。何歳だから、こういう気持ちや行動が見られるという発達の理論や障がいの特性に応じた子ども理解を参考にするにしても、年齢や障がいを目安や基準にして子どもの発達課題を設定することには自制的になります。言い換えれば、保育実践は、「□歳だから、○○障がいだから、という基準」にしばられません。ときには、保育者が想像もしなかった多様な発達の姿が立ち現れてくることに驚き、喜びを感じることになります。統合保育では、保育者は、「子どもは一人ひとりが違うこと」を頭では理解していても、「健常児はみんなが同じ」とか、「何歳児だからこういう姿が普通」などと考える傾向がありました。一人ひとりの違い・多様性を大切にするという視点が希薄だったのです。このように、統合保育は、インクルーシブ保育とは異なる考えに立った保育だったのです。

また、統合保育は、少数の子どもを多数の子どもの活動に参加できるようにする（支援児がみんなと同じようにできるようにする）という意味で、適応主義・同化主義と呼ばれる考え方に立っています。適応・同化主義的な保育では、少数派が排除される（参加することが阻害される）ことを免れることが困難です。この排除（exclusion）という言葉の意味は、インクルーシブ保育を理解するうえで、非常に重要になります。排除というのは、単に場所や空間において分離される（みんなとは違う場所で違う活動をする）ということを意味するのではありません。そうではなくて、子どもの人権、たとえば、意見表明権などを尊重することや、その人らしさを価値として大切にすることをおろそかにすることを意味します。子どもたちは一緒の場にいる（統合されている）けれども、一人ひとりの違いや権利・尊厳が大切にされない状態です。実際統合保育を実践していて、「こういう保育で、支援児をほんとに大切にしているのか疑問（違和感）」という思いをもっていた保育者は少なくありませんでした。

多文化保育においても、私たちは、日本の子どもを多数派集団として、日本の慣習・行動規範（たとえば、時間を守る、行儀よくふるまうなど）に、外国にルーツをもつ少数派の子どもを適応させることを当然と考える傾向があります。これは、障がいをもった子どもの統合保育の構造と、よく似ています。ただ、多文化保育においては、比較的早く、日本の慣習などを強制することはおかしいと直観的に気づきます。このため、統合保育的な発想は長続きしません。しかし、外国にルーツをもつ子どもも含めて、一人ひとりを大切にする保育をどうつくるかは、いまだ、多くの保育者には未知の世界です。

2 意見表明権と参加する権利を尊重し優先する保育

子ども一人ひとりをかけがえのない存在として大切にすること、言い換えると子どもの権利や尊厳を大切にする保育とはどういう保育でしょうか？　本書では、現在のところ、子どもの権利条約に依拠して保育することだと考えます。私たちは、子どもの権利条約にある子どもが享受すべき諸権利は子どもを大切にしようとしてきた人類の知恵の結晶だと考えます。保育はそれらの権利が尊重される場であるべきです。私たちは、たくさんのインクルーシブな保育実践から、実践の背後にある保育観や思想を学んできましたが、インクルーシブな保育実践をつくることを考えるならば、子どもの権利の中でも、まず、意見表明権に注目することが必要だと思うに至りました。そして、それを基盤とすることで、子どもが保育に参加する権利が保障されることにつながると考えます。

近年、子どもの声を聴いて保育することが大切だといわれるようになってきました。ようやく、子どもの意見表明権を尊重することは大切だという合意が広がってきたのだと思います。これまで、私たちは、しばしば、子どもの将来のためにという枕詞を使って、現在の子どもの意見（声）を大切にすることよりも、将来に向けて子どもの発達を促すことが子どものためになるのだという考えに立って保育する場面が多かったのではないでしょうか。しかし、たとえ子どもであってもすでに、保育という場に関与する一人の意見をもった市民であるという立場に立って、徹底的に意見を尊重して保育することが大切であり、実際にそういう保育実践が実現可能なのだということがわかってきました。

また、「参加する」ということの意味についても、見直されはじめています。これまで、私たちは、保育者や大人が決めた活動の枠組みに、子どもが参加するという狭い範囲で、「参加する」をとらえる傾向がありました。たとえば、どの子どもも参加できるような保育をつくろうとして、発表会に向けて、時間をかけて子どもの気持ちを出し合いながら話し合い、その結果、どの子どもも参加する発表会がつくられたという実践が語られてきました。一方で、子どもたちが、十分に時間をかけて話し合っても、あるいは、仲間が練習している様子を見ても、自分は、それに参加したくないという子どもがいることについては、ほとんど語られてきませんでした。そういう子どもは、その時間は別のことをしていることを認めたり、その子どもの意見をくんで、予定していた演目をとりやめて別の演目にするとか、さらには、今年は、子どもたちの意見をくんで発表会をしないで、親子お楽しみ会など、別の会にするというようなことについてはあまり語られてきませんでした。インクルーシブ保育では、単に大人の設定した枠組みの中に参加するという意味をこえて、子どもの意見が保育の重要な事柄に対して影響を与える——たとえば予定されていたことをやらないことや変更することも含まれる——という意味で、参加する権利を考えることが求められます。この点をより明確にしようとして、参加ではなく、参画という言葉を使うべきだという主張があります。

3 インクルーシブ保育実践の風景

本書では、インクルーシブ保育の実践事例や、その実践に埋め込まれている知恵、基本原則などを順次、説明していきますが、その前に、インクルーシブ保育の実践のイメージがもてるように、インクルーシブな保育において見られる風景を紹介しましょう。

筆者が、ときどき訪問する園は、毎年、多くの支援児を積極的に受け入れています。子どもたちは、登園すると、ぼーっとする間もなく「昨日の続きしよう！」と、一人で遊ぶ子もいれば、仲間に声かけて一緒にごっこ遊びしたり、制作活動したり、ボール遊びしたり、たっぷり遊び込みます。園生活を重ねると、子どもたちは、お互いを尊重し、心地よく楽しくつきあうようになっていきます。多様性を大切にして、子どもの意見表明権と参加する権利を尊重する（インクルーシブ保育）とは、こういう保育のことだろうと訪問するたびに感じます。統合保育では出会うことがなかった、インクルーシブな保育ならではの光景の中で出会ったエピソードを二つ紹介しましょう。

エピソード❶　制作した大事なものをとっておくことで気持ちを切り替えることができた翔太

五歳児クラスの六月初旬の一コマです。支援児の翔太は、制作に強い苦手意識をもっていました。ところが、その日は、登園してから室内でブロック遊びをしていました。友だちと一緒に「街」をつくったと見せてくれました。翔太が自分から制作したのははじめてだったので、担任はとても喜びました。お集まりの時間になり、友だちは片づけや支度をはじめましたが、翔太は「街」のそばから動こうとしませんでした。もう少しつくりたいのか、残しておきたいのかなと担任は考えながら、翔太の気持ちを受け止めようとしました。しばらくして納得したのか、担任は段ボールをとってきました。それを開いて平らにして、その上に「街」を二人でのせて（写真）、部屋の奥に一緒に持っていきました。「大事にとっておこう、この続きは、またしよう」と確認しているようでした。

この園には、子どもが活動した経過や成果を保存して、いつでも、その続きができる空間があちこちにあります。また、取り組んでいる遊びを自由にできるようにウッドデッキなどに必要なものを設置したりします。細切れにちょっと遊んだだけでは子どもは育たないとの共通認識のもとで、いつでも、遊びを再開して続けられるようにしているのです。何日も、何回も、遊び込んで、継続発展することで、「○○ちゃんと力を合わせてすごいものができた」「苦手だった△△を○○ちゃんにコツを教えてもらって練習したらできるようになった」などと子どもの心にあたたかい物語がつくられていきます。この日の前日、一人の女児が担任に、「ねえ先生、翔太くん、はじめて自分から絵を描いたんだよ」とうれしそうに話していました。仲間のことをやさしく見て、自分ごととして喜んだりくやしがったりする姿があります。「○○ちゃんのことを応援しているから」「○○ちゃん、やったね」「自

分もがんばってみよう」と、お互いに励ましています。

筆者は、巡回相談員を永年務めてきました。こういう状況は、「切り替えが難しい」悩みとして保育者からよく語られます。時間になったら片づけたり、次のところに移動するなど、テキパキと切り替えることを当然と考える傾向があります。しかし、この園では、子どもが自分から切り替える気持ちになることを大切にしています。お集まりの時間になっても、一人だけ集まらないで遊び続けている姿をよく見かけます。お当番の子どもが、子どもたちと担任が遊び込んでいる砂場に来て「お集まりの時間ですよ」と知らせると、担任が、お当番の子どもに、「もうちょっと、待ってね」と頼んでいる姿を見かけたりします。予定した時間通りに行動すること以上に、一緒に遊んでいた子どもたちの気持ちを大切にするのです。

指示通りに切り替える、時間通りに片づけることを重視するとき、〝今、いいとこなんだ、もう少し、遊ばせて〟という子どもの意見を軽視していないでしょうか？　子どもの心の中には、子どもの時間の流れがあり、それは、大人が計画し予定する時間とは異なるのが普通でしょう。また、子ども一人ひとりの心の中の時間感覚はそれぞれに異なるのが自然です。子どもの意見を尊重するならば、切り替えには一定の幅がある時間を確保しておくことが必要になります。短時間で切り替えを要求することには無理があります。もちろん、一人ひとりの違いを尊重し、仲間と一緒に活動する楽しさを味わう保育を積み重ねることで、子どもたちが仲間として同じ時間帯で切り替えるようになることはありますが、最初から、そうできるわけでもありませんし、いつも、そうできるわけではありません。

遊んだおもちゃや道具などを、元通りに整然と片づけることは、よいことで当然だと考えがちです。

それでも、子どもが時間をかけてつくったものを、例外なく、バラバラにして片づけることに胸を痛め違和感をもつ保育者は少なくないのではないでしょうか？　子どもたちがつくったものは大切にとっておいて、また、そこから再開して遊べるようにすることは、この園が大切にしていることです。ちょっと遊んだだけのときに子どもが言う言葉は、単なる思いつきでしかないけれど、継続的に遊び込んでつくり上げる過程をへて、子どもは、自分なりに主張したい意見をもつようになると、この園の保育者は考えます。ワクワクした気持ちで遊び込み、それを誇りに感じ、仲間とともにつくり上げる過程で、より確かな意見となって立ち現れます。子どもたちの活動を細切れに中断して、片づけることを重視する保育では、子どもたちの意見は根っこのない不確かなものになります。この園では、ドキュメンテーションという言葉は使いませんが、子どもたちの活動経過を仲間がいつでも見ることができ、それぞれの思いを共有できる環境を準備しています。そういう保育の中で見られる光景なのです。

エピソード❷　一人だけ室内で食事することにこだわることを寛容に見守る

五歳児の洋平。じっとしていることが苦手で、予定が変更になるとパニックになり、自分だけの世界にいて支度が遅れがち。でも、動きながら、クラスの活動や仲間の様子を見て、自分なりに大事なところは把握しています。なにより、お弁当を食べることが大好き。

久しぶりのあたたかな晩秋の日、お弁当の時間になり、園庭で食べることになりました。ところが、グループの仲間が声をかけても、洋平は外に行こうとしません。補助担任の美咲（仮名）先生は、近寄って、外でお弁当を食べることを伝えようとしました。そのとき、はっと思いつきました。先週、園庭で食べたとき、唐揚げを落としてパニックになり、土がついたままで食べようとして、「汚れたから食べないように」と説得しても聞こうとせず、仕方なく、素早く取り上げて水で洗ってわたしました。あのときのことがあったので、外では食べたくないのだろうと思ったのでした。それで、一人だけ室内で食べました。

この様子を見ると、洋平だけが、仲間と違う場所にいるので、排除されているように見えます。実際には、洋平の意見を尊重しています。洋平の意見は、過去の経験と記憶（外で食べたときに、大事な唐揚げを落としてしまった）に根差しています。「前回のように、お弁当をこぼして、食べられなくなるのは嫌で、全部食べたい」気持ちが尊重されたのです。

クラスの子どもたちを見ていると、洋平が仲間であり、一緒に活動することを大切にしている一方で、洋平は、一人になったり、違うことをしたくなることを理解しています。このときは、一緒に食べてほしいという気持ち以上に、洋平が室内で食べたい気持ちを尊重していました。

保育者は、このときの洋平の気持ち（意見）を受け止めながらも、時間をかけて仲間と一緒にいる楽しさを感じることができる保育をつくっていこうとされていました。

このような事態のときに、それまで、クラスの子ども一人ひとりの意見を尊重することをしてきた歴史がなければ、何人かの子どもは「洋平くん、ダメだよ」と責めたり、無理やりに連れてこようとしたりします。それがいざこざのもとになります。あるいは、洋平のまねをしたり、自分は廊下で食べると言ったりする子どもが出てきたりします。そうなると、保育者は混乱を避けようとして、洋平に、みんなと同じことを要求しようとします。周囲の子どもたちとの関係で、洋平の意見を尊重することができなくなります。

このとき、洋平を責める言葉はなく、強引に連れてこようともしませんでした。子どもたちは洋平の気持ちを尊重して見守りました。このときまで、洋平だけでなく、自分も嫌なときには拒否することが保障されたりして、自分の意見を尊重されてきた歴史・積み重ねがあるからでしょう。

拒否する自由を含めて自分の意見が尊重され、仲間と一緒に過ごし活動することの楽しさを、日々、積み重ねて、今日は、一緒に食べないけれど、次の機会には、一緒に外で食べることができるといいなという思いを、保育者も子どもたちも共有し、それが、洋平にも伝わることを願っています。このエピソードは、そういう保育の中で見られた光景でした。

4 多様性と公平・平等（差別しないこと）について

自分たちは、多様性を尊重することは当然のことだと考えてきたし、ましてや公平・平等を何よりも大切にしてきた——多くの保育者はそう考えていると思います。ところが、実際には、意図せずに、多様性を軽視していることに気づかなかったり、子どもを差別して保育していることがあります。じつは、多様性を尊重することではじめて平等（差別のないこと）が実現できるという意味で、両者は表裏一体の現象です。そこで、まず、保育において差別とはどういうことなのかについて考えてみます。

一般的に差別は、二種類に大別できます。第一の差別は、同じ人間・子どもなのに、一方の人には認められる権利があり、他方の人には認められない権利があるという差別です。これは、男女間、人種間による差別など、私たちの社会が、その解消を目指して取り組んできた差別として、誰にでも比較的理解しやすいものでしょう。子どもと園の関係では、同じ地域で育ってきた子どもなのに、一方の子どもは入園が許可されて保育を受けることができるのに、障がい児などが入園することを許可されず保育を受けることができない、などといった差別です。この第一の差別については、私たちは、身近に経験してきましたし、また、問題とされてきた歴史が長いので、ある程度自覚して、それを解消しようという気持ちを共有しやすいでしょう。

第二の差別は、異なる特徴をもっている人・子どもたちが、その特徴を尊重されずに、一律に同じ扱いを受けたり、同じことを強制されたりすることです。これも重大な差別なのです。異なる文化で育った人の習慣を劣ったものとみなして同じ習慣を強制すれば、その人の尊厳を損なったり、意見が封殺されたりして、差別になるでしょう。また、ある種の障がいをもった子どもの特性を尊重しないままに、同じ行動を期待し強制したりすることも差別になるのです。

医療的ケアが必要な子どもの保育においては、第一の差別の問題が依然として深刻な状況です。入園を希望しても、許可されない子どもが多数です。この差別の解消には、園は受け入れることができる条件（看護師の配置や園の環境のバリアフリー化など）を整備して事前に準備することが求められます。そのうえで、さらに、医療的ケア児が日々の生活や活動において、仲間との活動に参加できるようになるためには、第二の差別を解消できる取り組みが必要になります。これは、合理的配慮と呼ばれるものですが、ユニバーサルデザインのような万人の利便性を志向するものではありませんし、脳性麻痺とか、ASDとか、障がいなどの種別の一般的な特徴理解によって整備すること（構造化、視覚化など）でできることでもありません。支援児一人ひとりの特徴を、受け入れる園と保育者が丁寧に把握（保育者と子どもの対話や、子どもの意見の聴きとりなど）して、はじめて可能になるものです。

この二種類の異なる差別を解消することで、公平・平等を実現することに近づきます。人間・子どもとしての基本的な人権や尊厳を尊重するという意味で、どの子どもも同じように扱われなければいけないということを大前提（第一の差別がない状態）にして、一人ひとりの違いを大切にして、人権と尊厳を大切にすることができます。この一人ひとりの違いを尊重するということが、子どもの多様性を尊重することなのです。

運動会のような行事のときに、最初から、ある子どもだけが出席できないようにすることは、差別になるかもしれないと多くの保育者は考えるでしょう。実際、それは、第一の差別にあたる場合が多いでしょう。一方で、出席している子どもに対して、その子どもが希望しないのに、集団として同じように行動することを要求したり強制したりする場面を見かけることはめずらしくありません。これは、子ども一人ひとりの違いに注目することなく、どの子どもも同じように保育することなので、第二の差別になる場合があります。また、その日、子どもが、その時間に運動会には参加したくない、別のことをしていたいという意見が尊重されないことも、第二の差別になる可能性があります。

「私は、子どもと平等に接しています」、だから、どんな子どもも「特別扱いはしません」という言葉を聞くことがあります。みんなで集まるときには、どの子どもも、その時間に集まるように強く指導する、みんなと同じことを同じペースでするように強く指導するとき、そういう言葉を聞きます。そのような保育を見ていると、一番最初に片づけた子どもを「○○ちゃん、早かったね」とか、最初に集まってきてくれた子どもに「○○ちゃんが一番だね」と、保育者がほかの子どもにも聞こえるようにほめる光景をよく見ます。どの子どもにも同じことをするように要求し、特別扱いしないということは、じつは、片づけや集まりが早い・遅いとか、絵を描くのが上手・下手という一元的な評価基準の中に子どもを位置づけて、序列化することと表裏一体の関係にあります。子ども間にこのような保育者の評価基準にもとづいた序列化が生じると、序列の上位の子どもが下位の子どもを見下す（尊厳を軽視する）ことや、邪魔者扱いする（意見を無視し参加を制限する）ことになります。つまり子どもがほかの子どもを排除する事態が生じてしまうのです。保育者の価値観や保育の都合という視点で、子どもをほめることは、多様性を軽視する不平等な状況を生みます。大人・保育の都合や価値観の観点から、子どもを評価することは子どもの尊厳を傷つけるのです。

5　多様性を理解することの難しさ

平等という言葉の意味を理解することが簡単ではないように、多様性という言葉の意味を理解することも簡単ではありません。たとえば、かけっこの速い子も遅い子どももいる、とか、絵が上手な子どもも下手な子どももいる、ということを多様性の例としてあげることがありますが、これは誤解です。このような理解には、子どもを一元的な価値観の序列（走力・速さ、絵の上手さなど）の中に位置づけているという意味で、多様性ではなく均質性を重視する考えが背景にあります。大人社会で、たとえば、裕福な人もいるし、貧困な人もいる、だから多様だとはいわないはずです。これらは、経済的な状態に関する一元的な価値観での序列、つまり、格差があることを意味しています。格差は、解消されるべき問題であっても、尊重されるべき違いではありません。このように、多様性という言葉を使いながら、実際には、均質な価値観にもとづく序列を意味することがあります。保育者が子どもをほめるとき（早いこと、一番であること、上手であることなど）には、多様性を大切にしているのではなく、均質な価値観に立って子どもを見ています。自分では、多様性を大切にしていると思いながら、じつは、均質性を志向していることに自覚的である必要があります。

6 個性ではなく持ち味という言葉を使いたい

保育実践が豊かに展開して、さまざまな活動で、子どもたちが意見を出し合いながら、仲間と力を合わせてつくり上げ、その過程で、多様な仲間関係が生成するとします。そうすると、保育者も子どもたちもお互いに、一人ひとりの子どもの意味ある違いを認識するようになります。Aちゃんは、運動が大好きで、ボールを上手にけることを毎日、研究して飽きずに練習している。Bちゃんは、話し合いのときに、友だちの考えをよく聞いて、仲間の意見がまとまるようにしてくれる。Cちゃんは、ダンスのような身体表現が大好きで、おもしろい身体の動きを工夫する。Dちゃんは、絵や粘土などの制作が大好きで、大人も気づかないような動物や植物の特徴をよく観察して形や色にしている。Eちゃんは、昆虫が大好きで、園庭にいる小さな虫をすぐに見つけて教えてくれる。これら五人の子どもの違いは、お互いに比較したり序列づけしたりできる違いではありません。それぞれに価値あるものとして大切にしたい特徴であり、尊重されるべき子どもの多様性です。これらを子どもの個性という言葉で呼びたくなりますが、個性という言葉は、しばしば、大人の視点からより優れた特徴として評価されて、場合によっては個性の競争を生み出すことがあります。大人が期待する個性競争になると子ども間に序列化を生み出し、一人ひとりのかけがえのない尊厳を軽視することになります。そう考えると、このような意味ある違いは、個性という言葉よりも持ち味という言葉を使いたくなります。

7 持ち味は、驚いたり、感心したり、共感したり、感謝したりするもので、ほめるものではない

持ち味は、ほめる（誰かが誰かを評価する）対象ではありません。Aちゃんが練習している様子を

見て、「そんなに靴がボロボロになるほどけり方を工夫しているなんて、先生、びっくりしたよ」と驚いたり、Bちゃんの様子を見て、「あのとき、よく、Hちゃんの気持ちがわかったね」と感心したり、Cちゃんが踊っている姿を見て「先生も、あんな身体の動きが大好きだよ」と共感したりするものです。また、子どもの持ち味は、仲間との関係では、AちゃんにボールのけりTを教えてもらって上達した子どもがAちゃんに感謝したり、Bちゃんに自分の気持ちをくんでもらった子どもが感謝したりして、お互いに競争するのではなく、違いを尊重し合うものでしょう。

さらに、仲間集団で共同して時間をかけて何かをつくったりするときには、Dちゃんのアイデアと工夫によって、すばらしいものをつくることができると、〝Dちゃんのおかげで、こんないいのができた〟と仲間が思うことになります。読み聞かせの絵本の中で出てきた昆虫を見たいという仲間の声を聴いて、「園庭でときどき見かけるよ」と言って、つかまえてきて見せてくれたEくんに、心から感謝します。乾孝は、伝えあい保育の理論において、そのようなことを「一役買う」と述べました。[1] つまり、お互いの持ち味が仲間の活動を豊かで楽しいものにすることに貢献するのです。インクルーシブ保育は、子どもたちの多様な持ち味が仲間の活動においていかされる場であると同時に、お互いの持ち味が磨かれる場でもあるのです。

ある子どもが持ち味を発揮して自分たち仲間の活動に貢献してくれると、仲間は、その子どもを賞賛し、敬意を払い、ときには、尊敬しあこがれます。その子どもは、かけがえのない、代替ができない仲間になります。このような仲間からの賞賛・敬意・尊敬などは、原理的には、限界がないものです。実践がインクルーシブになり、それぞれの子どもたちが持ち味を発揮することができれば、どの子どもも、敬意の気持ちを受けとるチャンスが生まれます。その意味で、実践がインクルーシブになれば、子ども間の真の意味での平等が実現されます。

一方、一元的な評価によってほめることは、一部の子どもだけがほめられ、そうでない子どもは、ほめられないということを避けることができません。たとえば、「一番」としてほめられるのは、一人だけです。「上手」としてほめられるのは、一部の子どもに限られます。ほめるための資源は限られていて、その配分は不平等にならざるを得ないのです。つまり、子ども間の地位に関する不平等を避けることができないのです。みんなが一番、みんなが上手と言ったときには、その背後に、うそやごまかしがあります。子どもは、そういううそやごまかしに、じつは敏感です。

家庭的に難しい背景をもつ子どもの中には、ほめられることを独占（ほかの子どもがほめられることを阻止しようとする）して、地位を高めようと必死になる子どもがいます。しかし、一元的な評価による上位の子どもは、同等の上位の子どもによって代替がききます。たとえそのとき「一番」になれたとしても、その子どもは、かけがえのない存在とは本質的に異なるのです。

大人社会で考えると、かけがえのないものの対極にあるもの、つまり、代替え・交換可能なものは、貨幣です。貨幣による値づけは、究極の一元的な価値観にもとづく評価の結果です。ほめることは、つきつめれば、交換可能な貨幣につながる価値観を志向します。そのような評価のまなざしの中にいると、子どもの気持ちは不安定になります。大人の場合でも、自分が貨幣価値でいくらだと評価されても、自分のことを本当に理解してもらえたとか、仲間の大事な一員になったとは思えないでしょう。心から安心したり、誇りを感じたりすることはできません。子どもはなおさらそうです。多様性を大切にするとは、交換できない、かけがえのない大切な人として、その子どもを理解し、大切に思うことです。

子どもをほめる基準は、多くの場合、保育者の価値観に由来します。もちろん、それは、その保育者個人というよりは、社会的な評価に関する保育者の認知に由来するので、私たち大人社会の価値観の影響を受けます。保育者は、子どもの前では、そういう価値観を体現する権力者としてふるまいます。インクルーシブな保育実践を見ていると、保育者がそういう権力をいったん手放して、子どもと対等な関係で、お互いの気持ちを尊重して、対話している様子が見えてきます。子どもたちが対等な関係になるとき、保育者もまた、子どもたちと対等な関係になっている姿があります。平等と多様性を大切にすることができると、保育の場にそのような景色が現れてきます。

現在、保育現場では、多様な子どもを受け入れて、それまでの保育を見直して、インクルーシブな保育が創造されています。私たちは、そういう実践にふれると、かけがえのない子ども一人ひとりが大切にされる光景を見ることができます。心躍るとともに、未来への希望を感じることができます。

第Ⅰ部では、そういう実践の実際を詳細に見てみましょう。

1　乾孝『伝えあい保育の構造——未来の主権者を育てる保育』いかだ社、一九八一年、八五ページ

第Ⅰ部

実践から学ぶ インクルーシブ保育のポイント

第1章　「多文化共生」実践

違う文化っておもしろい

外国にルーツのある家族が多く暮らす地域で

五十嵐元子・林　恵

越前市の上太田保育園では外国にルーツがある子どもがクラスの半数を占めるくらい多く在籍しています。保育者になって三年目、その保育園に異動してきた田中保育士は、三歳児クラスの担任を任されました。四月当初、言葉が通じず、子どもたちは動きまわり、活動や遊びを楽しむどころではありませんでした。先輩保育者に支えられながら、田中保育士は一人ひとりの子どもが安心して楽しめるように保育を工夫し、五歳児クラスの後半には、子ども同士が互いの異なる意見を尊重しつつ、それぞれの持ち味をいかした遊びをつくり上げる姿が見られるようになりました。外国にルーツがある子どもも日本の子どももそれぞれの文化や言語を大切にしながらも、相手とどのようにつながり合い、自分たちの園生活を創造していくまでに至ったのでしょうか。それは田中保育士が三歳児クラスからこだわってきた「子ども同士の話し合いの時間」にヒントがありました。ここでは、その話し合いに注目し、田中保育士の三歳児クラスから五歳児クラスまでの実践を描き出します。

新たな保育のはじまり

二〇一五年、越前市の外国人集住地域の上太田保育園では、外国（主にブラジル）にルーツがある子どもたちが半分近くになっていました。辻川園長（当時）は「外国人の園児が増えたことによって、今までの保育がうまくいかず試行錯誤でした。その中で今までの保育の概念を一度取り払わなくてはならなかったんです」と語っています。「先生、今からお話しするから座っていてね」と子どもに声をかけても、最後までその場にいられず、さらに個別に声をかけても「何言っているんだろう、この人は？」という感じで走りまわる、ということが日常茶飯事でした。また保育者が当たり前と思っている生活習慣も外国にルーツのある親子にとっては違うことがたくさんあったのです。

そのような中、保育者たちはその子どもと親に対して、〝なんでこれができないのだろう〟〝なんでこちらの言っていることがわかってもらえないのだろう〟と思う前に、まずはすべて受け止めようというところからはじめていきました。すると、徐々にいろいろなことが見えてきます。

子どもでいえば、動きが多くなってしまうのは、言葉が通じず、頼りにできる人もおらず、不安で仕方なくそうなってしまうのではないかと考え、子どもたちに何かを求めるのではなく、その子どもたちと徹底的につきあい好きな遊びを見つけ出し、安心して楽しく過ごせるようにしようとしていきました。年間計画に組み込まれていた行事も、その子どもたちが楽しんで参加できないのなら、すべての子どもが同じように参加する取り組みにするのをやめました。

登園時間がバラバラになるのは、就労時間が変動的で、家族で過ごす時間を優先するといったことが背景にありました。少しでも親子が安心して園に来られるように、決まった登園時間を押しつけず、その代わりに自分たちの保育の流れを変えていきました。

飲み物や食べ物に関しては、ブラジルではお茶を飲まないし、砂糖で味つけした甘辛い食事はまず出てこないことや、お茶碗を持って食べる習慣がないことなどが見えてきて、無理強いをせず、その子が飲食できるものを用意し、作法も問わないようにしていきました。ブラジルでは肌着を着る習慣がなく、掛布団も使わないということでしたが、このことに関してもその必要性を伝えるにとどめ、使用することを強く求めたりはしませんでした。

その後も、子どもに寄り添い安心して楽しく過ごせるように保育を考え、保護者のことも受け止めながらコミュニケーションをとることで、互いに歩み

越前市は福井県嶺北地方中南部に位置する三方を山で囲まれた内陸の都市です。電子機械化学メーカーを中心とした工業地域で、この環境が外国人の雇用を生み出し、二〇一八年の市全体の外国人の割合は五％、外国人雇用の多い企業がある西地区では一五・六％となっています。年々、外国人の定住傾向は高まり、外国にルーツのある子どもたちの数も増加しています。外国人も地域の住民として認識する視点が必要となってきたのです。

市は越前市多文化共生推進プランを策定し、外国人市民、日本人市民が同じ市民として多様な価値観を認め合い、お互いの理解と尊重のもとに市民、市民団体、企業など各種団体と行政が協働して多文化共生のまちづくりを展開しようとしています。二〇一九年度から希望者には保育士採用試験に「ポルトガル語コミュニケーション能力試験」を取り入れ加点するなど、独自の取り組みを進めています。

寄れるような関係になっていきました。

辻川園長は「今までの一〇〇％日本人を想定してやってきた保育では通用しない中で、子どもが安心して園で過ごし、保護者も安心して子どもを預けられるようにするためには、私たちの意識を変えていく必要があるんです」と語ります。さらに、子どもの保育で困っている保育者がいたら「先生がしんどいということは、きっと子どももしんどいってことだから、しんどさをわかってあげて、今までこういうふうにやってきたからそれをやりたいとか、どうしたらやれるかじゃなくて、今、目の前にいる子どもたちなら何ができるかなということを考えて、保育をやっていこうか」と声をかけてきたそうです。

では、この保育園で保育者歴三年目の若手保育者が、異なる文化が背景にある子どもたちと一緒に過ごした三年間の保育を見ていきましょう。

1　一年目・三歳児クラス——走りまわる子がいれば一緒に走るところから

「どう保育していいかわからない」——先輩保育者に支えられて

三歳児クラスがはじまり、田中保育士はこれまで見たことがない光景にとまどっていました。子どもたちの多くが部屋の中で走りまわっていたかと思うとその場に寝転がります。その次の瞬間、遊戯室、廊下、いろいろなところに行き、部屋に戻ったかと思うとまた走りまわり、子ども同士がぶつかりそうになります。昼食は座っては食べていられない、午睡のときは、寝ている子どもの上を飛びはねます。田中保育士は子どもがケガをしないように止めるのが精いっぱいで、とにかく帰るまで朝来たときと同じ姿で帰さなきゃ……と思っていたと語ります。

子どもと一緒に生活や遊びを楽しむ余裕なんてない。子どもの命を守ること――当時、田中保育士の頭にはそれしかなかったそうです。次第に「子どもが好きでこの仕事をはじめたはずなのに、一〇〇％受け入れられない自分がいる」ということに気づきます。何が受け入れられないかというと子どものことではありません。どのように保育していいのかがわからず、子どもたちが楽しく過ごせる環境を用意できない自分が情けなくて、そんな自分を受け入れられなかったのです。

たとえば、年齢を頼りにインターネットや雑誌を調べ、三歳児が楽しめるような遊びを見つけて保育計画を立ててもうまくいかず、年齢に応じた絵本を読んでも聞いてくれませんでした。何より子どもと生活や遊びを楽しめなくなっていたことが田中保育士の保育者としての自信を失わせ、〝私がこのクラスの担任を、保育者を続けていていいのだろうか〟と思うようになりました。その心のうちを園長や先輩保育者に打ち明けると、先輩保育者たちは深くうなずきながら聴いてくれました。そして、「ああせなあかん、こうせなあかん、って思わなくていいよ。歌のレベルもここまで歌わせなあかん、発表会もここまで見せなあかん、もう一切、思わんでいい。先生はおはよう、ボンジア（ブラジルの公用語であるポルトガル語で「おはよう」）って受け入れてるやろう。おはよう、今日も来たね、待ってたよってやってるやろ、それだけでいいんだよ」と言葉をかけました。

先輩保育者たちは、田中保育士が直面している困難な状況を過去にくぐり抜けており、田中保育士が抱えている悩みに深く共感していたのでしょう。先輩保育者の実感がこもった言葉に、田中保育士は〝それでいいのか〟とすとんと心に落ちたといいます。保育者になって三年目、これまでは子どもたちの年齢を視野に入れながら、目の前にいる子どもたちが楽しめるように、懸命にプランを立ててきました。そのことが足かせのようになって自分を苦しめていることに、先輩保育者のアドバイスを通して気づかされたのです。

それからは、「走っていても走るのが好きなんだなと思ったり、こちらの話がわからんのやな、それなら話をする時間を短くしようと考えたり、食事の時間も好きなもの食べていれば丸やな、帰る時間が遅い子とかもいるし、なんも食べんよりかはお腹すくから苦手なものじゃなくて好きなものお代わりさせてあげよう」など、自分が〝こうなってほしい〟とイメージしていた三歳児の姿を一度取り払ってみると、自分の気持ちや保育にゆとりが出てきます。そうなると、不思議と目の前にいる子ども一人ひとりの姿が目に入るようになってきました。

〝楽しい！〟で子どもとつながる瞬間を探しだす

田中保育士は、子どもとじっくりつきあうことを決め、走る子どもがいれば一緒に走ってみたり、泥んこ遊びがはじまれば一緒に泥まみれになって遊ぶようになりました。絵本の読み聞かせでは、最初は三歳児という年齢にそくしたものを用意していましたが、そうしたことにこだわらず、子どもたちが〝おお！〟と興味をひくものを探そうといろいろなものを試してみました。また別の場面では、市から派遣されているブラジル人通訳さんのポルトガル語を聞こうとするブラジルの子どもたちの姿を見て、自分の話す言葉を理解するのが難しいんだなと気づき、日本語であっても簡単な言葉で伝えるようにしてみました。このように田中保育士が働きかけを変えていくと、子どもたちの笑顔が増えはじめ、田中保育士も手応えを感じはじめるようになります。

　ときには遊びに夢中になりすぎて、給食の時間が大幅に遅れてしまうこともたびたびありました。一緒に遊んでいた田中保育士も、ここで遊びを切り上げては子どもたちが満足できないと思い、こっそり給食室の職員に打診して遊び続けました。外から部屋に入るとき、子どもたちと給食室の前をかがみながら、「しー」と人差し指を口の前に立て互いに目くばせし、抜き足差し足で歩きます。見つかるのではないかというスリルを子どもたちと共有することがまたおもしろくなってきます。

周囲の理解を得ながら、田中保育士は子どもと過ごす瞬間瞬間を一層大切にすることができるようになり、自分も楽しめるようになってくると、子どもたちの笑い声も広がっていきました。ところどころで子どもたちが好きな遊びを楽しんでいる姿を子どもたち同士で共有してほしい、そんな気持ちが生まれ、「お話タイム」をはじめることにしました。

お話タイムでの共有——伝えたいことを伝える場

好きな遊びの時間が終わり、手洗い・うがい・排泄が終わったあと、楽しかったことや見せたいものを子どもたちに発表してもらう場を設けてみました。すると子どもたちは自分の見せたいものや伝えたいことを次々に口にします。

たとえば、色水を入れたペットボトル、セロハンテープを貼った牛乳箱、はたから見たら何をつくったのかもわからないのですが、それでも子どもたちは伝えたい気持ちでいっぱいです。

「色水つくった！　ほらペットボトルに入ってるでしょ」

「Eu fiz isso. Coloquei fita celofane aqui.（ぼくがつくった！　ここにセロハンテープを貼った！）」

ポルトガル語で話す子どもには通訳さんが日本語に訳します。ときには、自分がポルトガル語しか話せなくて、言い出せない子もいました。そのときには通訳さんに「ルイくん、○○してたでしょ。それでどうだった？」とたずねてもらっていました。「楽しかった」「疲れた」とポルトガル語で話すのをまた日本語に訳してもらいます。田中保育士は子どものこの言葉一つひとつにオーバーなほどりアクションをとっていました。〝聞いているよ〟ということを子どもにわかってもらうためです。

その子どもが表現したい・表現しやすい言語で話す、とくにブラジルの子どもには母語（ポルトガル語）であれば流暢に話す子どもも少なくないことがわかってきました。ですから、日本語で話すことを前提にもしなかったそうです。すると、ブラジルの子どももクラスの子どもの前で話せた、〝伝えられた！〟という感覚が生まれてきました。

そうした雰囲気もあってか、子どもたちはそれぞれ思い思いに話しはじめるようになり、収拾がつかなくなることもありました。少しずつ、「今は○○さんの話を聞いてみよう」と促し、田中保育士はその子どもの話に耳を傾けます。その時間だけでは、全員の話を聞ききれないこともあって、「話せなかった！」と泣き出し、その気持ちをどうにもこうにも収められない子もいました。みんな話したいんだなと感じた田中保育士は、給食が終わった時間、午睡に入る前、着替えで待っているときなど、とにかく話が聞ける時間を見つけて、お話タイムで話せなかった子の話を必ず聞くようにしていました。

三歳児クラスの後半に入るころ、たまたま職員会議でお話タイムを削ることになったときのことです。「お話タイム、ないんか！」と子どもたちが怒りはじめました。それほど子どもたちはお話タイムを気に入っていたようです。このときも子どもたちに「ごめんごめん。じゃ、おやつのあとに聞くから勘弁してや」と言うと、話を聞いてくれるという期待を胸に子どもたちはお話タイムがやってくるのを待つようになっていました。このころには子どもたちは自分が伝えるだけでなく、田中保育士が話していることにも徐々に耳を傾けるようになっていました。

異なる文化の生活を知る──保護者との対話

「昨日カエルをさわったって子どもから聞いて、子どもはすごくうれしそうだったんだけど、でもさわらせないでほしいの」というブラジル人のある保護者から相談がありました。田中保育士は思いも寄らないことで驚きつつも、その理由を聞いてみると〝ブラジルではカエルに毒があってさわると目が見えなくなると言われていて、子どもが喜ぶのもわかるけど、心配だからうちの子だけでいいのでさわらせないでほしい〟ということでした。

ブラジルはアマゾン川を代表に豊かな自然に囲まれる地域があり、危険な生き物も生息します。カエルの中には毒を持っているものもいます。その国のその地域の環境からさわらないようにするという風習があることは理解できても、園庭にいるカエルは違っています。何よりもその子がオタマジャクシからカエルになる過程に感動し、園庭でそのカエルを跳ばしたりして、とても生きいきした表情で遊んでいる……田中保育士はそのことを大事にしたいと考えていました。

「お母さん、私そういう風習を知らなくてごめんなさい。びっくりさせてしまいましたよね。目が見えなくなるんじゃないかと心配でしたよね」と田中保育士はその保護者に言葉をかけたあと、園庭にいるカエルには毒がないこと、それでも必ず遊んだあとに手洗いをしていること、その子がカエルの成長過程を目の当たりにし感動していたこと、その中で生き物について楽しみながら学んでいることを伝えました。すると、保護者もそれを理解し了承してくれました。

私たちが当たり前のように思っていることも、その国のその地域の環境や文化に根差した風習や習慣、考え方は異なっています。〝そうじゃなくて……〟と自分たちの文化を押しつけるのではなく、田中保育士のように相手の思いを受け止め、その違いを尊重しつつも、自分の思いも伝え、一緒に何を大切にしたいのかを考え合えるように努める……保護者との対話を考えるヒントをこのエピソードから学ぶことができます。

2 二年目・四歳児クラス——お話タイムで知り合う・つながり合う

ブラジル流と日本流のジャンケンと鬼ごっこ

四歳児クラスに進級してしばらくの間、子どもたちは遊びのイメージが違うのか、ブラジルと日本とそれぞれに分かれて遊んでいました。その姿は生きいきしています。このとき田中保育士は、ブラジルの子どもたちと日本の子どもたちを無理にくっつけて遊ぼうとはしませんでした。ポルトガル語でやりとりし安心できる仲間と楽しめること、子どもたちを見ていて、そういう居場所があることのほうが大切だと思ったからです。

ある日のこと、ブラジルの子どもたちが数人集まって「Pedra Papel Tesoura（ペドラ・パペル・テゾウラ）」というかけ声に合わせ、手を出していました。ブラジルのジャンケンです。しばらく見ていると、負けたら鬼、十数えて追いかけるというルールで遊んでいることがわかってきました。田中保育士が「混ぜて」と言うと「いいよ」の答え。言葉がわからないので、「先生、これわからん。どうやるん？」と言うと、何回でもポルトガル語でジャンケンポンが言えるようになるまで子どもたちはつきあってくれました。それが言えるようになると、「先生、言えるようなったじゃん」「ポルトガル語できるじゃん」と喜んでくれます。自分もそれがうれしくなって、その後は子どもたちと走りまわって遊んでいました。

その日、お話タイムでブラジルの子どもが「鬼ごっこが楽しかった」と話すので、すかさず田中保育士も「先生、ブラジルのジャンケン、教わったんやで。みんなにも教えるわ」と発言します。日本の子どもたちもブラジルの子どもたちも興味津々で田中保育士を見つめている中、田中保育士が「Pedra Papel Tesoura（ペドラ・パペル・テゾラ）」と言うと、子どもたちから「おお～」と歓声があがります。今度は日本の子どもにも言ってみるように促すと、一回で言うことができました。「先生なんて覚えるのに五回もかかったんよ。みんなは一発やん！」と言葉をかけると、日本の子どもたちもうれしそうにしています。

次の日、ブラジルの子どもたちがジャンケンをしていると、

その姿を見た日本の子どもたちが駆け寄ってきて、どちらともなく「一緒にやろ！　どっちにする？　日本？　ブラジル？」と声をかけ合い、鬼ごっこがはじまっていました。この様子から田中保育士は前の日のお話タイムを通して、お互いがつながり合えたことを実感していました。

その日にした遊びをお話タイムでふり返ったことで次の日の遊びにつながっていき、さらに子どもがそれぞれブラジルの遊びか、あるいは日本の遊びかを選ぶようになる……といったようにブラジルの子どもと日本の子どもが互いの遊びを行き交うようになってきました。

お話タイムで困ったことをクラスで考える

四歳児クラスになって、子どもたちの遊びとお話タイムが循環していく一方で、もうひとつ子どもたちのお話タイムの話題に新たな特徴が出てきました。生活の中で困ったことが話題にあがるようになったのです。

ある日、数人の子どもたちが泥団子づくりを楽しんでいたときのことです。片づけのときにまさやが「○○くん（年下の友だち）が泥団子こわしてもた、嫌やった」と訴えてきました。田中保育士は、泥団子をこわされた子の気持ちを受け止め「それは悲しいね、みんなやったら、大事につくった泥団子こわされたらどんな気持ちになる？」とクラスの子どもたちに問いかけました。ほかの子どもは「悲しい」とまさやの気持ちに共感しながら聞きます。一方で「小さい子やから許してあげてもいいんじゃない？」「片づけのときに、ぽいって外に置いておいたからこわされたんじゃないかな」という意見も出てきました。まさやはその声を聞いて「許すけど大事につくったのになぁ、明日も続きをしようと思ったのにな」と話していました。そこで、田中保育士は「みんなにとって一生懸命つくった泥団子は大事なんやなぁ、じゃあ、大事なものなら、これからつくった泥団子はどこに置いておくといいかな?」と問いかけました。すると「園庭の靴箱の中はどう?」「お部屋に持って入る?」といろいろな声が聞かれ、「お部屋やったら、小さい子もこわさんと思う」という意見にまとまり、子どもと一緒に保育室に泥団子を置く場所をつくりました。「次の日もこの泥団子の続きつくりたかったら、ここから、持っていこう」と話し、次の日には、自分の泥団子を大事そうに持ち園庭に向かう姿が見られました。

このときは日本の子どもの話で、ずっと日本語でやりとりされていたにもかかわらず、ブラジルの子どもたちもじっと聞き耳を立てていました。このようなお話タイムがくり返される中で、日本の子どもたちの話し合いになったときに日本語でのやりとりがメインになっていても、ブラジルの子どもたちも少しずつ意見を出すようになってきました。

三歳児のころのお話タイムは自分の話を聞いてほしいという気持ちで伝えることがメインだったのが、四歳児になるとクラスの仲間の遊びだけでなく、生活の中で困っていることなども聴き合い、それに対する自分の意見も伝えるという場に変わってきます。子どもたちにとっては、田中保育士に聞いてもらうことよりもむしろ、自分たちがやりとりする〝私たち・ぼくたちの時間〟になっていったようでした。

3

三年目・五歳児クラス――楽しいことを持ち寄るともっと楽しくなる

言語は違っても通じ合える――日本語・ポルトガル語が行き交う「だるまちゃん広場」づくり

五歳児クラスになると、子どもたちは何かあるとほかの子どもも呼び、自分たちで話し合いをはじめるようになります。田中保育士は子どもたちの様子を見て、お話タイムはもちろんのこと、遊びや生活、当番活動と、さまざまな場面で子どもたちの話し合う時間を丁寧にとっていこうと考えていました。そのときに母語で話すことを一層大切にしたといいます。異なる言語でも通じ合えるんだという感覚をもち、相手を理解しようとする姿勢を常にもち続けてほしかったからです。ただし、就学を見すえ、地域の小学校に行けば授業は日本語ということもあって、日本語を話そうとする子どもにはその気持ちを大切にした対応をしていました。

六月、「だるまちゃん広場」[1]へハイキングに行ったのをきっかけに、園でもその広場をつくろうという声が子どもからあがり、何をつくるのか話し合います。子どもたちは意見を出し合い、「カラスのパン屋さん」「だるまちゃんくじ」など合計六つのコーナーを考えだしました。それぞれ好きなコーナーに分かれて必要なものをつくり、その広場に年下の友だちを招待しようということになりました。

広場を開催すると「カラスのパン屋さん」コーナーが大繁盛。パンが売りきれてしまいました。それでも年下の子はパンが欲しくて並んでいます。コーナーで販売員をしていた五歳児クラスの日本人の有希とブラジル人のアリーシが「パンないよ」「どうする?」などと相談しています。にもかかわらず、陽気なミゲルは「Bem-vindo!(いらっしゃいませーー)」と呼び続けていました。アナはミゲルに思わず日本語で「パンないのにどうするの?」と言いますが、気にせずミゲルは笑顔で「Bem-vindo!」と言い続けます。アナは通じていないと思ったのか、次はポルトガル語で「パンないんだよ……」と真剣な表情で伝えます。ミゲルは冷静になり呼び込みをいったんやめました。有希は「今からつくる? どうする? でもつくっていたら時間ないよ。並んでるのに~」とあせっていると、アリーシとアナが制作コーナーに走ります。でも材料がありません。困っていると〝食べた人に返してもらう〟という別の案が浮かんできました。四人は「わかった!」とポルトガル語と日本語で言い合いながら、「パンを

返してください！」と食べた子にパンを返してもらい、お店を再開しました。ミゲルはまた「Bem-vindo」と笑顔で並んでいた年下の子どもを迎えていました。

田中保育士はこの様子をずっと見守っていました。子どもたちが、パンが売りきれて終わりにするのではなく、なんとか並んでいる子どもにも売りたいという気持ちで、日本の子どももブラジルの子どももなんとかしようと相談しています。日本語とポルトガル語とぜんぜん言語が違うにもかかわらず、そこを壁とも思っていません。どうしても通じ合えていないというときは、アナのようにミゲルに対してポルトガル語で自然に言い直すということもしながら、なんとかこの状況を打開しようとしていました。このように子どもたちが言語は違っても通じ合えるという感覚を当たり前のようにもてるようになっていることに田中保育士はうれしくなりました。

自分たちの遊びや生活は自分たちの手で

その後もプール遊びではある子どもが船をつくりたいと言い、一人では無理だからと数名が集まってつくっていると、いつの間にかクラスの子どもたちが船づくりに夢中になってました。運動会も恒例の競技を行うのではなく、子どもたち自身が何をやるのかを話し合って内容を決めていきました。お話タイムでも、子どもたちでその日の遊びから次の日やりたい遊びを考えていくようになります。

年があけると、子どもたちはそれぞれ楽しんでいる遊びで、ほかのクラスの子どもたちにお客さんになってもらって、お店屋さんごっこをしたいという声があがりました。上太田保育園では、園全体で行うお店屋さんごっこのような活動は以前、行事のうちのひとつでしたが、今では子どもたちの遊びが盛り上がり、やりたいというときに行うようになっています。子どもたちはいつお店屋さんごっこをするかの話し合いからはじめました。

「ね、お店屋さんごっこいつにする？」「三日後！」「それって用意できるんか？」など話していました。するとひろきがカレンダーのようになっているシール帳を持ってきて、子どもたちに見せます。「土日お休み終わったここは？」「うーーん」とシール帳を見ながら考えつつ、準備する時間も考えて日程を決めることになりました。すると、数名の子どもが紙や段ボールとペンを持ってきて、何をやりたいのか、その準備には何が必要なのかについて意見を出し合い、紙や段ボールに書きはじめました。はじめは日本人の子どもが日本語で書いていましたが、ブラジルの子どもも書きたいということになり、一緒に教え合いながら、計画表は段ボール二枚ほどになり、だいたいの日程も決まりました。

お店屋さんごっこの内容を決めたとき、はじめは六つのグループがありました。その中に「日本の踊りグループ」と「ブラジルの踊りグループ」があり、それを披露しようという提案が出されます。田中保育士は、踊りをやりたいと言っていた子どもたちのために遊びの時間に日本とブラジルの音楽を流していると、「日本の踊りグループ」の子どもがブラジルの歌を口ずさむようになりました。テンポよく流れるその歌が日本の子どもたちにはカッコよく感じられたのでしょう。「ブラジルの曲がいいいね」と言いながら、日本の子どもも自然にポルトガル語で歌を覚え、歌えるようになっていました。「ブラジルの踊りグループ」の子どもたちも「ポルトガル語の歌が好きって言ってくれて、うれしい！」と話し、このころから「日本の踊りグループ」と「ブラジルの踊りグループ」の子どもたちが一緒に歌を歌い踊りながら楽しむようになります。それらが合体して「アイドルショー」というひとつのお店屋さんごっこの出し物になっていきました。

一方で、「おみくじグループ」といって初詣にクラスで行ったときに、おみくじを引いたことがきっかけで、それをやりたいと言った子どもがいました。その案に興味をもった子どもたちが集まり話していると、「ゲームセンターにあるガチャガチャと一緒にしたい」という案が出てきます。そのときすでにあった「ガチャガチャグループ」と合流して「ガチャガチャおみくじ屋さん」になり、ガチャガチャのカプセルの中に入れるおみくじをつくりはじめました。「大吉やと紙飛行機がもらえるようにしよう。凶は赤ちゃんやったらもう一回できることにするけど、先生やったらもうできん！」と笑いながら、おみくじの内容を考えていました。一緒につくっていたブラジルの子どもは「大吉知ってる！　でも、中吉、末吉とかのレベルの順番がわからん」とたずねます。日本の子どもも「うーん」と考え込んでしまいました。田中保育士は「調べてみたら?」と提案すると、その日帰宅してから家族と一緒に調べて、その内容を紙に書いてきました。それをお話タイムで説明すると、ブラジルの子どもたちは「その紙貸して！」と言います。それをいつでも見て確認できるようにクラスの壁に貼ることになりました。

互いの遊びを共有しふり返るお話タイム

五歳児後半、それぞれの遊びが盛り上がり、それが園内全体のごっこ遊びへと展開していく中でお話タイムは自分たちが遊んでいる内容を伝え合い、その遊びをやっていない子どもも質問をしながら、互いの遊びを知り合う機会になっていきました。田中保育士が指名しなくても、子ども同士で聴き合うようになっていました。たとえば、遊びの時間にアイドルショーの子どもたちがかわいい衣装をつくっているのを見ていた子どもから、お話タイムで「その服の材料は何ですか？　穴をどうやってあけたんですか？」といった質問が出され、互いのアイデアや技が交流されていきました。

こうして無事にお店屋さんごっごが終わっていきます。「アイドルショー」は小さい子も一緒に踊りを楽しんで、その子たちが自分の部屋に戻りたくないと泣くほどでした。「ガチャガチャおみくじ屋さん」もすべて売りきれました。お話タイムで「めっちゃ忙しくて大変やったけど楽しかった」「小さい子らが『また来たい』って言ってくれた」とクラス全体が達成感と喜びとであふれていました。

田中保育士は三年間をふり返ってこう言います。「このクラスをもつ前は、たとえばスーパーで外国の人を見かけると、偏見などでなく、ああ外国の人やって感じている自分がいました。でも、今は街とか歩いていても、外国の人やってならなくなってびっくりしています。それはこのクラスの子どもたちのおかげだなって。子どもたちはブラジル人とか外国人とかではなくて、〝マリアちゃんは髪がキラキラの金髪なんやな。三つ編みつくるの上手なんよ。かわいい絵を描くのも好き〟というところから入って、〝そういえばポルトガル語も上手や。違う国の人なんやって〟というように仲間の特徴をとらえる順番が違うんです。外国の人だからとはじめに思うのではなくて、かかわりの中で知り合っていく。困っていれば、その子に笑顔になってほしいからという理由で手助けをしようとするのであって、障がいや外国人だからというわけじゃない。一人ひとりが私も含めて集団の中に居心地のよさを感じて育ち合っていくものなんだって。多文化共生保育って最初は外国にルーツがある子どもだけが対象だと思っていたんだけど、障がいがある子どもやそうでない子ども一人ひとりを大切にするということで、すべての子どもに対してなんだなという意識がもてるようになりました」。

4　田中実践から学ぶこと

自分がもつ保育の枠組みからの解放と同僚の支え

上太田保育園では、外国にルーツがある子どもがクラスの半数近くになった時点で、従来の保育が立ち行かなくなりました。一度すべてを捨てるくらいの気持ちで、目の前にいる子どもたちと向き合うことからはじめています。そこで大切にされたことは、通ってくる子どもと親が安心して今日も保育園に来たいと思えることであり、親子との対話を通してそのときどきの保育をつくり出していくことでした。そこでは、一日の生活の流れが通ってくる親子の事情によって変更され、年齢に応じた遊びや活動も見直され、年間で決められていた行事もその取り組み方から考え直さなければなりませんでした。このような経験を通して、日案から年間計画までを仮に想定していたとしても、目の前に通ってくる親子に応じて柔軟で自由に変更できるような体制をつくってきたといえます。その一方で、「五歳児クラスならこういう遊びを通して協同的な仲間関係を育む」「三歳児なら生活習慣の自立を目指してこうする」といった指針や方法が問い直されることになるので、その両方ともゼロから創造していかなければなりません。

そのような中で、田中保育士は上太田保育園に異動してきました。三歳児クラスの担任になり、年齢を意識して、そこからイメージされる遊びや活動を用意しようとしていましたが、それが子どもたちの実態となかなか合わないという現実に直面しました。田中保育士の語りを聴いていると、年齢に応じた発達のイメージというものが、その日の保育を考えるときに参照する強力な枠組みになっていることがわかります。それもそのはずで、保育者養成校の時代より、保育計画を立てるときは、年齢に応じた発達をベースにすることを教えられてきているからです。

田中保育士の実践は年齢に応じた発達という枠組みから解放されることで、一気に動きはじめました。それを支えたのが、同じような経験がある先輩保育者の存在です。彼女たちはかつての自分たちの姿を思い出しながら、田中保育士がより楽しく子どもたちとかかわり合えるようにと願い、話を聞き、悩みを受け止め、保育のフォローに入り、アドバイスをしていました。この先輩たちが送る〝こういう場合はこうしなきゃいけない・□歳ならここまでできなきゃいけないって思わなくていい〟というメッセージを通して、田中保育士は、年齢に応じた発達や、やらなければならないことという枠組みに自分がしばりつけられて、その結果、保育を窮屈なものにしていたことに、気づかされていきます。

とはいえ、自分たちが当たり前だと思ってきた枠組みや進めてきた保育の方法を田中保育士や先輩保育者たちが問い直し、そこから脱却していくことは簡単なことではありません。上太田保育園の場合は、外国にルーツがある子どもが半数以上になって今までの保育が通用しなくなったという状況もありますが、それ以上に保育者同士の対話とそれぞれの内省（内的対話）を積み重ねてきたことが大きく関与していると思われます。田中保育士や先輩保育者たちはちょっとした心配や悩みでもすぐに相談し、今大切にしたいことは何かを話し合ってきたといいます。田中保育士に至っては、保育が終わるとその日のクラスの子ども一人ひとりを思い出し、明日以降の遊びでどのような反応をするのかということや自分が子どもたちにこうなってほしいなという願いも含めて考え続けていたと話していました。

従来の保育を問い直し、そこから脱して改めて今大切にしたいことは何かを考えるとき、こうすればこうなるという見通しもなければ、正解もありません。その不確実性に耐えていくためには、子どもと親と同僚と自分と対話し続けていく、これが田中実践を支えてきたと考えられます。

子ども同士がつながる場をつくる

三歳児クラスから五歳児クラスにかけて、お話タイムは継続していきました。三歳児クラス（一年目）のころは、田中保育士が子どもたちに好きな遊びや伝えたいことが出てきた姿を見て、お話タイムという場を設けました。子どもにとっては自分の思いを聞いてもらえる時間として位置づき、それができないときは怒りはじめるほど、なくてはならないものになっていきます。田中保育士はその聞き役に徹し、田中保育士との関係を軸にコミュニケーションがなされています。

四歳児クラス（二年目）になると、一人ひとりというよりもむしろ同じクラスの子どもといろいろな話題を共有する場へと変化していきました。困ったことや遊びでおもしろかったことなどを話し、互いを知り合うだけでなく、〝自分たちの時間〟になっていきました。このとき田中保育士は、子どもたちのしていた遊びや話をかみくだき、それをほかの子どもたちに返していくようにしていました。それは子どもの話をそのほかの子どもにわかりやすく代弁するというだけでなく、自分も遊びに入ったときに感じたことやおもしろかったことを発言し、その場で一緒に遊んでいなかった子どもたちに伝えるといった橋渡しの役割も担っています。ここでたまたま日本とブラジルで遊びグループが分かれていたので、田中保育士を通じて、それぞれの文化にちなんだ遊びを知り合う機会になっていきました。

五歳児クラス（三年目）では、子どもたちが主導してお話タイムが開かれるようになり、自分たちの生活や遊びは自分たちで意見を出し合い、つくっていくようになりました。田中保育士は、そのクラスの一員として話をすると同時に、子どもたちの願いを実現し、それぞれの持ち味がいかせるようにサポートにまわっています。日本だからブラジルだからというのではなく、それぞれの興味深いところや楽しいことで子どもたちはつながり合いながら、日本の文化やブラジルの文化を知り合っていくようになりました。それぞれの文化を反映した遊びは独立して存在しているけれど、国籍は関係なく子ども一人ひとりが関心をもったところで遊びを展開していける状態になっています。

上太田保育園の保育者たちが大切にしている「まず受け止めよう」という姿勢は、子どもの好きにさせておくということではありません。それは保育者が一人ひとりの子どもの声を聴き、安心して自分の思いを伝えられる場をつくり、子どもの多様な声を響かせていくことにつなげていくためでした。さらに、そのことが子どもたち自身で生活や遊びを楽しくしていけるような対話の場をつくっていきました。どのような子どもの声や親の声も聴くという姿勢が常に開かれたことで、保育が変わり続けていったのです。

異なる文化的背景がある人をどう理解するか

自分の文化と違う人たちのことを理解しようと考えたときに、各国の料理をつくり味わうことや、民族衣装を着てお祭りをすることは一般的によくあることだと思います。たとえば、ブラジル人の子どもがクラスにいた場合、サンバをテーマにカーニバルを開催することは、相手を受け入れ理解しようとしている姿勢を示す行動の一つかもしれません。その中で、教職員に対してさまざまな外国の文化や言語に関する知識を深めようとする研修もめずらしくありません。全国幼児教育研究協会によれば、研修の実施や外国人幼児の国の文化や生活にちなんだ遊びや教材を教育・保育に取り入れることで、周囲の子どもたちが、外国人の子どもが使う言葉（あいさつなど）や文化（国旗・食べ物・スポーツなど）だけでなく、日本の文化にも興味をもつようになるといった影響があるということが報告されています。

しかし、その取り組み自体は、日常生活の中で外国人の子どもをそこにいる仲間としてとらえることに直結するものではありません。多文化共生を研究しているハタノは日本人の異文化への関心を、三つのＦ（Food, Festival, Fashion）が中心になっていると指摘し、それはともに生きる仲間として受け入れている状況ではなく、むしろその文化を奇異なものとしてとらえてしまう可能性があるとしています。[2] 言葉や文化的背景の違いから生じるさまざまな出来事に対し、保育者はその違いを理解し、認め合うための工夫をしようとするでしょう。その試みの中で違いを一時の関心ごとにするのではなく、自然な形で日常に存在させ、互いに大切にしていける環境をつくり出すことが必要になってきます。田中実践においては、そこにいる子どもたちの一人ひとりの思いを聞きとってつなげていったことで、一人ひとりの違いが存在することを認識し、互いにその違いに関心をもち続ける、それが日常になったのです。

「ダブルリミテッド・バイリンガル」の課題と田中実践の可能性

外国にルーツがある子どもの課題として、就学後に顕在化する「ダブルリミテッド・バイリンガル」の問題（くわしくは六一ページの**コラム❶**参照）があります。その多くは学校教育のかたわら、抽象的概念を操作する言語獲得を目指す個別支援が行われていますが、田中実践はその土台づくりになる可能性を秘めています。

たとえば、四歳児クラスになると「お話タイム」は、子どもたちが互いの遊びや生活の中で困っていることを伝え合い、聴き合う場になっています。自分がしている遊びや生活の中の困りごとは関係のないほかの子どもたちにはわかりません。そのために、いつ、どこで、何をして、どのようなことを感じたのか、自分はどうしたいと思っているのか、自分の伝えたいことが相手に伝わるように整理し考え言葉にすることになります。この言葉は発達心理学で「二次的ことば」と呼ばれ、その先の抽象的な概念の獲得とかかわっていると考えられています。実践にある「お話タイム」では、クラスの仲間の話を聞きたいという雰囲気が話し手に話しやすい状況をつくり出し、同時に田中保育士が話し手の子どもに合いの手を入れていました。このことにより「二次的ことば」の獲得を支えています。

このことに加え、抽象的概念の獲得には日常生活における経験とのつながりも重要です。五歳児クラスの「だるまちゃん広場」における「カラスのパン屋さん」では、パンがなくなるという事態になりました。そこでどれくらい足りないのか、が話題になっています。具体的にいくつのパンが……という発言は出てきていませんが、数への意識が見てとれます。また、「お店屋さんごっこ」では、開催日から準備期間を逆算するやりとりがありました。遊びに埋め込まれた形で、数と時間の概念に子どもたちは自然と親しんでいます。

注目すべきは、これらが日本語だけでなく、ポルトガル語でも展開していることです。就学後、この経験が「ダブルリミテッド・バイリンガル」の問題にどれだけ影響するのかはまだわかっていませんが、田中実践はこの問題に個別支援だけではない、インクルーシブな状況の中でのアプローチを創造するきっかけになると考えられます。

実践者からの応答

外国籍の園児が多いことで従来の保育ができないという状況の中「先生がしんどいということは子どももきっとしんどいはず」という私の言葉の中には、子どもはもちろんですが、願う保育ができない保育者のもどかしさや悩み、不安、葛藤に寄り添い、安心できる存在になりたい、肩の力を抜いて保育してほしいという願いもありました。こうして悪戦苦闘、試行錯誤をしながら日々の保育に取り組むことで、園児、保護者、そして保育者にとっても安心できる場、信頼できる場、居心地のいい場になっていったのだと信じています。多文化共生保育を経験したことで改めて学んだこと。「子ども一人ひとりの育った環境、経験、個性、独自性を受け入れ、どの子に対しても差別することなく、人格ある一人の人間として尊重し、子ども主体の保育の中で、大人にとってではなく目の前の子どもにとって今何が大切なのか、何が必要なのかを第一に考え、あたたかなまなざしや言葉かけ、かかわりをすることが大切なのだ」ということ。このことをこれからも保育者としてだけではなく、この社会で日々人とかかわる一人の人間として大切にしていきたいと強く思います。

最後に貴重な多文化共生保育の中でかかわらせていただいた園児・保護者のみなさま、ともに歩んだ保育の仲間のみなさまに心から感謝申し上げます。

辻川眞由美

私自身、子どもたちから学ぶことがたくさんありました。普段の生活や遊びの中で、友だちのよさに気づき、お互いの違いを認め合う心が育っていく子どもたちをそばで見守ることができて幸せでした。

ここ数年、コロナウイルス感染症が広がり、混乱した時代が続いています。そんな時代だからこそ、「○○くんが悪い!」「○○ちゃんのせいだ!」とケンカをしたり、奪い合ったりするのではなく、「○○

くん、どうしたの？　大丈夫？」「ありがとう」「がんばれ！」「一緒にしよう」「大好き」と少しずつやさしさを分け合うことが大切だと感じました。一緒に園生活をしていく中で、そういった力を身につけていった子どもたちに感動しています。これから、多様な人々と出会っていく中で、「ともに生きる」ということは、簡単なようで難しいことですが、上太田保育園の子どもたちは、いろいろな人がいることを当たり前だと感じ、「いろいろな人がいて楽しい」と思える心をもっています。これからも、「みんな違ってみんないい」という気持ちを大切にしてくれたらいいなと願っています。

最後に、出会えた子どもたちや保護者のみなさま、同僚の先生方に感謝しています。本当にありがとうございます。

田中千陽

1　武生中央公園内にかこさとし氏監修のだるまちゃん広場がある。そこには、からすのパン屋さんの大きな木やかざぐるま塔、だるまちゃんとかみなりちゃんのふわふわ雲などの遊具などが設置されている。

2　ハタノ、リリアン・テルミ「『共生』の裏に見えるもう一つの『強制』」馬渕仁編『「多文化共生」は可能か――教育における挑戦』勁草書房、二〇一一年

コラム❶

外国にルーツのある子どもたちの現状と保育の課題

卒園後も見通して

林　恵

進む多国籍化と多様な背景

日本では一九九〇年の出入国管理及び難民認定法（以下入管法）の改正以来、外国人労働者への規制は徐々に緩和され続けています。一九八〇年代、日本はバブル景気により常に労働力不足であり、不法入国者の労働力に頼っている部分がありました。一九九〇年に入管法が改正され、日系人とその配偶者についての入国を許可、それまで専門的な業種に限っていた労働制限をなくし単純作業にも従事できるようにしたことから、日本の企業は日系外国人労働者を積極的に受け入れはじめます。日系人の多くはブラジルやペルーなどの南米から来た人たちで、当初、数年の滞在のうちにお金をためて、帰国するだろうと考えられていましたが、多くの日系人は、日本で働き続け、子育てをし、家を買い、地域の住民として暮らすようになりました。二〇一九年、政府は日本の人口減少と深刻な人材不足を解消し生産性を向上させるため、入管法を改正、外国人の新たな在留資格を設け、日系人以外の外国人労働者にも単純労働への従事を可能としました。さらに専門性を有すると認められれば在留期限を撤廃し、家族の帯同も認める方向を示しています。

また、在日外国人の中には、戦争などの政治的混乱から逃れ日本に移り住んでいる人たちや、オールドカマーといわれる戦時中に来日した在日コリアンの人たちもいます。総務省の統計では一九八九年に九八万人だった在日外国人は、二〇二二年六月末では二九六万一九六九人と約三倍になっています。外国人集住地域に住む外国人は、同じ国の出身者がほとんどを占めていましたが、近年では多国籍化が進み、ブラジル人集住地域として有名な群馬県大泉町に住む外国人の割合は約一九・二%、出身国は四八ヵ国にわたり（二〇二二年七月）、多様な文化が入り混じった地域へと変化をしています。この状況は大泉町だけではなく、日本各地でも見られるようになってきています。

保育園での課題

このような背景により、一九九〇年以降外国にルーツがあり日本の文化とは異なる家庭環境にある子どもたちは急増しています。法務省入国管理局在留外国人統計によれば、二〇二一年十二月に在留する〇歳から五歳の外国籍児童数は一〇万七三一八人にのぼります（**図1**）。

外国人集住地域の保育所では、外国にルーツのある子どもの数が半数をこえていることもめずらしくありません。文部科学省は、令和元年の報告で過去三年間に外国人幼児が在籍したことのある幼稚園・こども園の割合は東京都で九三・九%、外国人の少ない岩手県でも二五・九%に達しているとしています（幼児教育

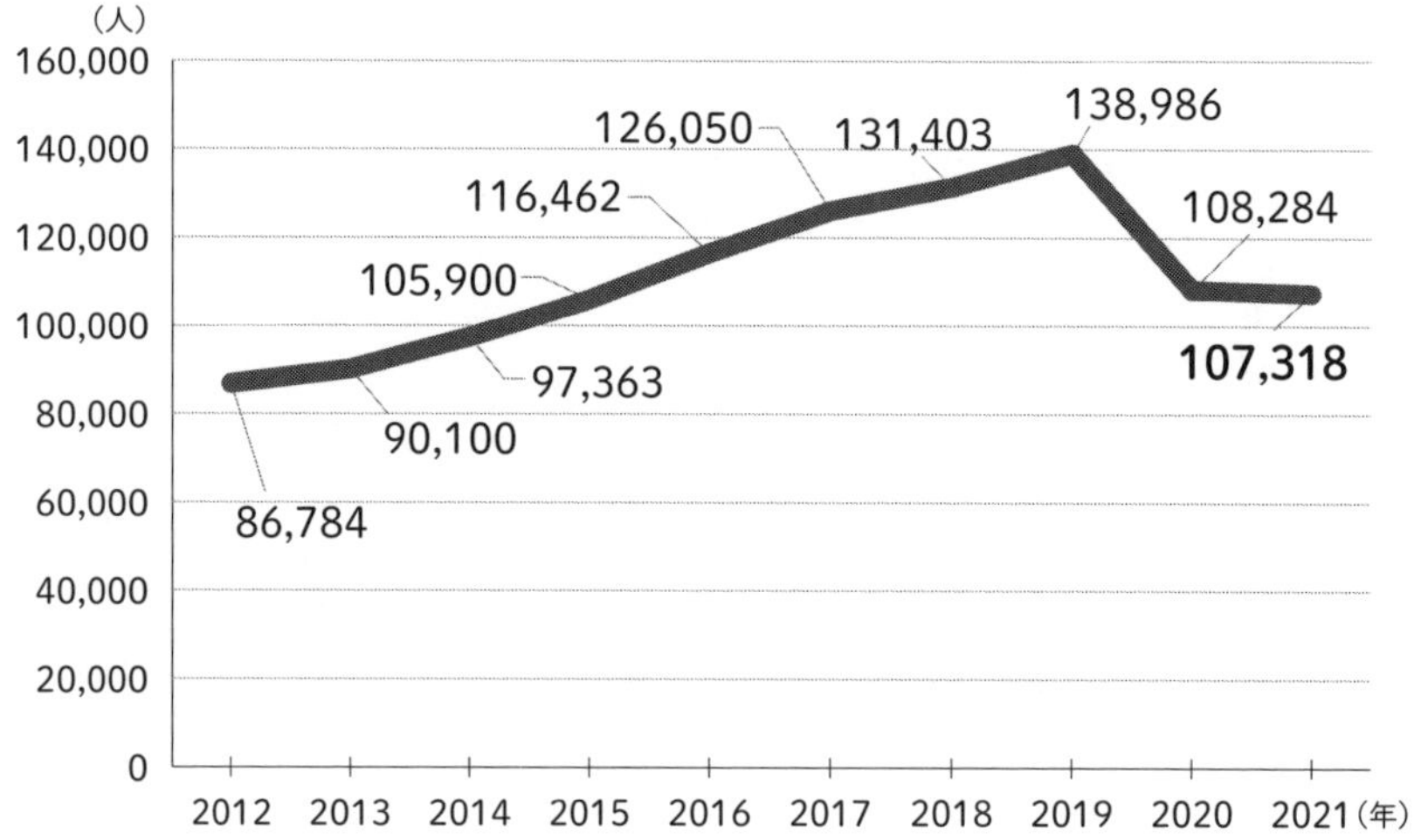

図1　在留外国人数　0～5歳児の推移（人）　　出所：法務省入国管理局在留外国人統計

の実践の質向上に関する検討会（第7回）「外国人幼児の受入れにおける現状と課題について」）。また、日本国籍であっても、家庭の文化が外国文化である子どもたちも増えています。保護者が両親とも外国籍であっても子どもが日本国籍を取得している例もありますし、家族で日本国籍を取得したけれど、日本語を話せず、母国語で話し、生活様式も外国の場合もあります。学齢期の子どもについてとなりますが、文部科学省が二〇一八年に実施した調査では、日本語の指導を必要とする生徒（小・中・高）五万一一二六人のうち日本国籍の子どもは一万三七一人であり、その数は年々増加しています。

急増している外国にルーツのある子どもたちを受け入れてきた保育所などでは、「言葉が通じない」「給食が食べられない」「集中力が続かない」「保護者とコミュニケーションがとれない」などの問題が取り上げられ、保育者たちは、これまでの経験をもとに試行錯誤してきました。その方法の多くは従来の保育方法を変えず、外国にルーツのある子どもが、その園の方式に沿って過ごせる工夫をし、日本の子どもと同じようにできれば、問題が解決したとするものでした。

保育者は「（外国にルーツのある）子どもは日本語をすぐに覚える」という感覚をもっていることが多く、実際に大人よりずっと早く日本語を覚えていくように見えます。しかし言葉を中心とした問題は就学後に顕在化してきます。日常会話には不自由しておらず、日本語を獲得したと思われていた子どもたちが、抽象的な言葉を理解できず、学習についていけなくなっている例が多く報告され、入学時点の学力の差は学年が上がるにしたがってさらに広がっていき、不登校や高校に進学できないことにつながっています。

先に述べた群馬県大泉町の人たちから聞いた話を次にあげておきます。

小学校の日本語指導員

この子たちは、日常会話は上手にでき、日本語を理解しているように見えるので、勉強ができないと努力が足りないのではないかと思われてしまいます。しかし、よく聞いてみると、言葉は話せても意味がわかっていないことも多いです。授業には集中できず、話はできても読み書きができません。読めても意味がわかっていません。

保育園の保育者

入園して最初は大変でしたが、すぐになじんで、友だちもいました。小学校も楽しんでいっている様子でしたが、途中から行かなくなりました。保育園には下の子どものお迎えでときどき来てくれていました。中学には行かずに家にいるようなのでとても心配です。

日系ブラジル人の学生

とにかく日本人だと思われたかったです。日系人なので顔も名前も日本人ぽいじゃないですか。ブラジル人の集団には近づきたくありませんでしたし、ポルトガル語も話したくありませんでした。ブラジル人であることを隠したかったので、ポルトガル語を話す両親と一緒にいるところを人に見られるのも嫌でした。

このような状況に対して、就学前から外国にルーツのある子どもに対する支援の必要性が認識されるようになってきました。

言葉の獲得――ダブルリミテッド・バイリンガル

子どもがはじめに覚えた言葉で、最も理解できる言語であり、ものを考えるときに使う内言語を母語といいます。言語習得に大事な役目を果たし、第二言語(日本にいる外国にルーツのある子どもであれば日本語)の獲得に大きな力を発揮するため、母語をしっかり確立させることは非常に重要です。

また、何語が使えるかということは自分が何者かという「アイデンティティ」と大きくかかわり、とくに家庭と異なる文化で暮らしている子どもにとって重要なことです。社会でも家庭でも母語にふれる機会が少ない子どもは、日本語を身につけやすい反面、母語の使用が減少し、日本語が上手に話せない親とのコミュニケーションがだんだん困難になっていきます。家族でありながらも親と距離を感じるようになり、母国や自身のルーツを否定したり、アイデンティティに悩んだりする子どもも出てきます。

このような状況下で、母語となる言語も第二言語となる日本語も年齢相応に発達せず、日常会話はできるものの、抽象的概念を操作するような言葉を理解できない「ダブルリミテッド・バイリンガル」におちいることが多くあります。表面的には流暢に日本語を話しているように見え、母語も使うことができているので何も問題がないように見えますが、小学校の中学年くらいになるとまったく授業についていくことができなくなります。

いま日本人の高校進学率はほぼ一〇〇%に近く、中卒で働くという人はほとんどいませんが、外国につながる子どもの高校進学率は六〇%くらいと推計されています。さらに高校での中退率が、日本人とくらべても高くなっています。この状況は経済的な問題とあわせ、ダブルリミテッド・バイリンガルの状態にある子どもたちの存在がかかわっていると考えられます。こ

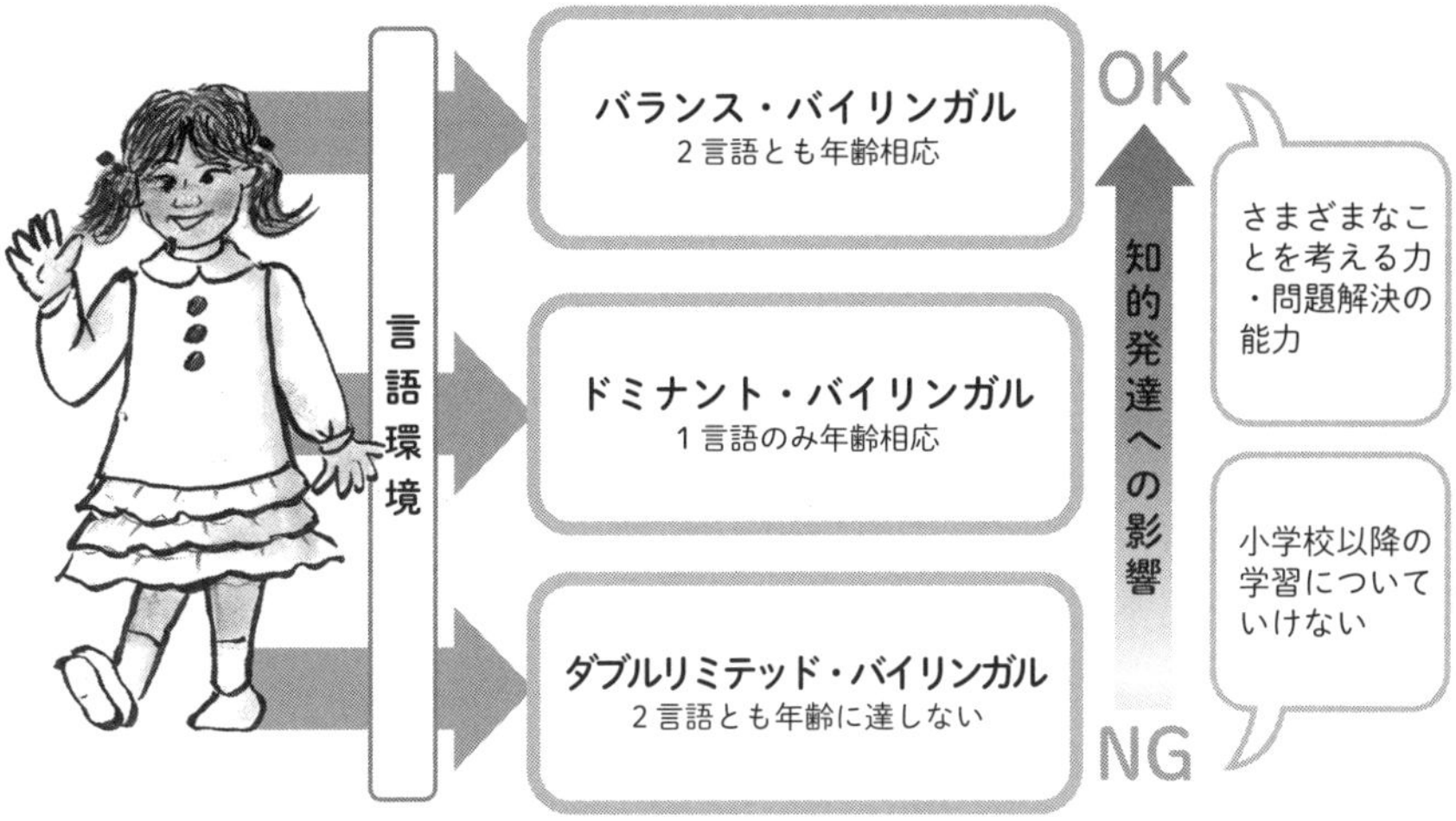

図2　3つのバイリンガルと知的発達への影響　　筆者作成

うした子どもたちが両言語を獲得しバランス・バイリンガルとなれば、進学や仕事の選択肢も増えていくことが予想されます（**図2**）。

保育園の取り組み

「外国籍等の子どもへの保育に関する調査研究」（三菱ＵＦＪリサーチ＆コンサルティング株式会社、二〇二一年三月）によると、日本全国の保育所等に在籍する外国にルーツのある子どもは、保育園が把握している人数として七万三五四九人、うち外国籍の子どもは二万二五八九人、日本国籍の子どもは二万五九人、国籍不明の子どもは三万七二一人と推測されています。また、市区町村における外国籍等の子ども・保護者の支援に関する取り組みに関するアンケートを実施し、その実施数が多かったものを以下の五つに分類しています。

❶ 自治体で雇用している通訳派遣などの人員配置による支援
❷ 自治体が翻訳機器を購入して貸与するなどのＩＣＴを活用した言語的支援
❸ 入園手続きや保育で必要な資料のひな形を多言語化し保育所等に提供する資料翻訳
❹ 教育委員会で実施する就学前教育の案内など就学前支援
❺ 保育所間で情報交換するなどの連携を支援する、人材育成・職員教育

とくに❶～❸の言語にかかわる支援の実施数が多く見られますが、通訳・翻訳が入る場合の注意として、「保護者とのコミュニケーションを通訳に任せきりにして保育士が保護者の状況を把握できなくなってしまうことや、月に数回しか通訳が来園しない場合、通訳に必要な情報が行き届かないことを防ぐため、保育士と通訳との間での情報共有はこまめに行うこと」「通訳を行う場合、言語だけでなく、保育所等の仕組みや保育の考え方についても通訳が理解していることが望ましい」ことがあげられています。また、外国語対応

が可能な保育士がいる場合、「通訳や翻訳の負荷が集中してしまい、保育スタッフとしてのキャリア形成に影響が出てしまう可能性があるため、業務配分等について検討する」ことが重要だとしています。

それぞれの持ち味をいかす

さまざまなルーツをもつ子どもが在籍している保育園などでは、子どもが育つ家庭の文化も多様化し、それぞれ違いがあることが子どもたちにとっても前提となってきています。そのような環境下で子どもたちは、たとえば、ベトナム人のホアちゃんという意識ではなく、ベトナム語を話せるホアちゃんという認識をしています。それはサッカーが得意なルイちゃん、折り紙が好きなマイちゃんという感覚となんら変わらないように思います。

最近では外国にルーツのある保育者の活躍も見られるようになってきました。タマーラ先生は、ペルー国籍ですが日本生まれの日本育ちです。外国人の子どもたちの役に立ちたいと考え、幼稚園で教諭として働いています。園にはブラジル人やペルー人、中国人などさまざまな国につながる子どもたちがいます。ほかの先生方が英語で対応することもありますが、トラブルや誤解などがあったときにはタマーラ先生がスペイン語や英語で対応し、とても頼りにされています。子どもたちはタマーラ先生がスペイン語で話していることは特別なことだけど、おかしなこととは思っていません。その特別はピアノがとても上手な先生や読み聞かせが魅力的な先生と同じ特別です。それぞれの持ち味としてとらえられ、いかされているのだと感じます。

引用
・日本学術会議 地域研究委員会 多文化共生分科会「提言 外国人の子どもの教育を受ける権利と修学の保障――公立高校の『入口』から『出口』まで」令和二年（二〇二〇年）八月十一日
https://www.scj.go.jp/ja/info/kohyo/pdf/kohyo-24-t289-4.pdf

第2章　「脱・あるべき姿」実践

どの子も「気になる子ども」になったとき

子どもとつくる新しい価値観

三山岳

インクルーシブな保育は、子どもの多様性を大事にし、どの子どもの思いや願いも尊重されるという権利が保障された保育です。この章では多様化する子どもの姿を前に、これまで自分たちが行ってきた保育に迷いを感じた保育者が、どのようにこれまでの保育を見つめ直して、子どもたち一人ひとりの思いや願いが実現され、互いの価値観を認め合える保育へと転換していったかをたどっていきたいと思います。

私たちは井の中のかわずだった

その保育園は自分たちの保育に誇りと自信をもっていました。一九八〇年代にアパート一室を借りて、無認可からはじめた小さなD保育園。職員も片手で数えられる人数でしたが、リヤカーに子どもたちを乗せて山を登ったり、近くの湖まで連れて行ったり、まわりの自然すべてが園の庭でした。ベビーブームの保育所不足が終わったあとに後発ではじめた保育園だからこそ、産休明けすぐに働かざるを得ない親や、朝から夕方遅くまで長時間働く親にも寄り添った保育を提供できました。また、保育目標をしっかり立てて、自分たちが理想とする保育を実現できました。小さな保育室を飛び出した保育でも、子どもたちは「今日もおもしろかったね」「楽しかったね」と一日を過ごしていました。

一九九〇年代に認可保育園となってからは、増築と定員増をしながら、自然の中でのびのびと育てることを保育理念として保育を続けてきました。障がいのある子どもの保育も、無認可ではじめたころの職員が養護学校で働いた経験をもっていたこともあり、積極的に受け入れを行ってきました。このため、Ｄ園は障がいのある子どもも丁寧に見てくれるという口コミが広がって、多くの障がいのある子どもが入園し、統合保育の実践が積み重ねられてきました。

また、無認可時代から保育計画や保育目標の作成とその実現に力を入れてきたこともあって、保育集団全体での活動にも力を入れ、プロジェクト保育型の取り組みを積極的に取り入れたり、三歳では竹ぽっくりや天狗下駄、四歳では三角馬（三角に組んだ木の棒に両足を乗せ、手を離して乗る手づくりの遊具）を運動会に向けて練習したりして、子どもの達成感を大事にしてきました。保護者から寄贈されたことをきっかけにはじめた太鼓も、大人顔負けの演奏を毎年できるまでになりました。子どもの多様性を尊重して受け入れながら、質の高い保育を実現できている、という思いもありました。「井の中のかわずで、うちはよい保育を行っていると思ってたんです」と園長のＡ保育士は二〇〇〇年代当時のことをふり返って語ります。

1　これまでの保育の限界

保育がしんどい

ところが二〇一〇年代のある年、この保育園に保育の転換を促す事態が生まれました。五歳児一九名のうち、市から加配対象児と認められた子どもが一〇名と半数をこえたのです。発達障がいの疑いのある子どもが四名、養育環境などの理由で家庭支援が必要な子どもが六名でした。家庭に寄り添った丁寧な保育が評価されて、家庭支援を重点的に行える園として市独自に認定され、支援が必要な子どもの割合がほかの園よりも高くなっていました。ただ、その割合が集団の半数をこえたとき、今までのようにクラス全体を保育者がまとめることができなくなりました。子どもが暴れまわる、部屋から飛び出す、保育者の言うことを聞かないという姿が見られるようになってきました。そこに同調する子どもも出てきて、保育の難しさに拍車をかけ、それは三歳児や四歳児でも多く見られました。このころの様子を、今は姉妹園であるK保育園の園長をしているB保育士は次のように語っています。

長い間、保育者として現場にいたのですが、発達に難しさを抱える子どもの姿や、健常の子どもでも、大人に対する安心とか信頼という、そのあたりのところが育ちきれてない子どもが増えてきたなっていうことをとても思うようになって……。その子どもたちの姿に私自身もすごく苦しんだし、いろんな働きかけをしても、本当に報われることがなかった。体も心もくたくたになって、保育者辞めようかなと思ったのが、ちょうどこのころです。

三歳児のカナちゃんっていう女の子がいたんですけど、すごくカーッとなる子だったんです。普通に歩いてるだけでも、通りざまに友だちがいたら、パーンとたたいたり、カーンと足げりをしたり、それが無意識に出てしまうんです。思いが違うと、すぐにカッカして、友だちをつきとばしたり。一つ歯車が違うと叱ってもダメ、なだめてもダメ。本当に手がつけられなくなって。その要求を受け止めて、興奮がやっと収まったと思うと、今度は抱っこ、抱っことという赤ちゃんみたいな姿にコロッと変わったり……。同じクラスの中にもう一人、一日のほとんどを乱暴な言葉や、行動で友だちを攻撃する男の子もいて、本当に苦しかったです。三歳児や四歳児という幼児クラスの中で、「やった!」とか「おもしろかった!」とか思える手応えとかを子ども自身が感じることが難しくなってきていました。いろんなハプニングで毎日終わって、ため息をつく感じで。毎日、本当にこの子たちが楽しく過ごすにはどうしたらよいのかな、っていうことを考え続ける日が続いてたんです。

それでもこのころはまだベテランの保育者も悩みつつ、なんとか発達や障がいの知識に支えられて、保育者の努力で保育がまわっていました。ところが、そうした状況の中、大きな出来事がありました。A保育士は、そのときのことが今でもはっきりと思い浮かぶといいます。

ある日四歳児二〇人ほどの子どもが、三人の保育者と一緒に園庭で遊んでいたのですが、その中の子ども三人が見当たらないということがあって。園内や戸外をみんなで探しまわって。そしたら、園のごみ箱の中に隠れていたんですよ。大人が探しまわっていることは聞こえているのに、隠れてたんですよ。見つけてほしかったんやな。子どものひとりはその時期に大きな家庭の変化があって、お母ちゃんなんか大嫌いや！っていうような時期で。そういう子につられて、よく似た境遇の子も一緒になって隠れてたんです。

昔は山に登りに行くときも、「はい、みんなで集まっていくよ」って言ったら子どもたちがちゃんとついてきて、保育者の言葉にも耳を傾けて、どんぐり拾って「楽しいね」って言いながら、そこで遊んで帰ってこられたんですけど、このころには、連れて行っても言葉かけが入らないようになっていたんです。ケガをする、トラブルになるっていうことが増えてきて、保育者も安心して園外で遊ぶってことがなかなかできなかった。

誕生日会やお話し会などでも、知的に遅れはないのに、「うえー」って言葉にならない言葉を発してうろついたり、ふざけたりする子が当たり前になって、みんなで集まるってことがしんどくなっていたんです。暴れまわっている子どもを抑えんことにはクラスが収まらん、といった状況で保育をしなくてはならないことがとてもしんどかった。

「もう遊んでいい？」の言葉に気づかされたこと

保育には自信がある、でもその保育がしんどい、どうしたら……と保育者たちが悩む中、保育を見直すきっかけになったのが、子どもの言葉でした。発達年齢を考えて綿密に立てた保育計画の中で、「今日は粘土で遊ぶよ」と子どもたちを誘い、その活動を終えたあと、子どもから「じゃあ、もう遊んでいい?」という声が出てきたのです。保育者同士で話し合うと、同じようなエピソードが次々と出てきました。たとえば、竹馬。運動会で五歳児が竹馬を披露し、子どもたちの成長を感じとった次の週のことでした。いつもは竹馬を練習していた時間に子どもが「もう竹馬はしないの?」とたずねてきたので、保育者が「そうだよ」と答えると、「これで竹馬やらんでいいんやね!」とその子は大喜びで遊びにかけだしていきました。

このとき、自分たちは何をしてきたのかと保育者たちはふり返ったそうです。子どもがやりたくてやっているんじゃない。これまでの保育では「この年齢になったら、ここはだいたいできるだろう」という保育者の思いが先行し、「できないことをできるようにさせること」が保育者の仕事で、それが子どもの自信や発達につながると思っていました。しかし、改めてふり返ってみると、子どもの声や姿からそれでは十分でないことに気がつきました。思えば、大人に対する安心とか信頼が育ちきれておらず、A保育士の話に出てきた五歳児のように甘えを強く出すような子どもが増えていました。にもかかわらず、「この年齢ならここまでできてほしい」という発達観を重視し、これまでうまくいっていた保育にとらわれていたのです。本当に大切なのは、子どもたちが自らやりたいと思えるような、そういう保育でした。

愛着に課題を抱えた子どもは、集団の枠をわざと外れることで注目を浴びようとします。保育者がなんとかやらせよう、集団の枠を守ろうとすればするほど、その枠を飛び出そうとしてとった行動の結果が、活動の時間にうろついたり、ふざけたり、隠れたり、暴れまわったりする姿だったのです。そうした子どもたちにとっては、どんなに発達を促し、子どもにぜひ体験してもらいたいと保育者が願う活動でも、やらせようとする保育者の意図を邪魔して注目を浴びることのほうが、よほど重要です。この状況を打破するためには、子どもたち自身が自らやりたいと思う活動を生み出していくしかありません。ところが、D保育園が経験豊かに蓄積していたのは、保育者が主導して活動を「あるべき発達」の方向に誘導する保育の実践で、これからどうしていけばよいのか、まったくわからない状況でした。

2 「あるべき発達」観との決別

ワラにもすがる気持ちからの異年齢保育

自分たちが自信をもってつくり上げてきた保育が、今の目の前の子どもたちには通用しない。そう気づいたとき、A保育士やB保育士の脳裏に浮かんだのが、以前から交流があった保育者から聞いた「異年齢だと子どもたちがやさしくなるよ」という言葉でした。かつてはその言葉はまったく響いてきませんでしたが、今はもうワラにもすがるしかありません。今の保育のままではもう限界だと保育者たちと話し合い、とりあえず週に一回だけでも、異年齢で自由に遊ぶ日を取り入れることにしました。とはいえ、保育者たちのとまどいは相当なものでした。ちょうどその方針が決定した年に育休明けから帰ってきたC保育士も同様で、その説明を受けたときの困惑を次のように語っています。

私はそのとき、異年齢ということよりも、その「環境設定」といえばいいのかな、何をしててもいいよみたいな感じの受けとり方をしたんです。なんか、ぜんぜんわかってなかったから。一斉保育じゃない保育ってことに対してとまどいがあって、それしか知らずに、知識もあんまりなかったから、外に行きたくないって子どもが言ったら、行かなくていいの？　とか。ただ、学校に行ったらカリキュラムは決まってるのに、子どもが好きにやりたいことを自分で選んでするっていうことで、小学校に行って、時間で動く生活がほんまにできるんかなっていう疑問はありました。

これまでの自信のある保育とは裏腹に、週一回ではじめた異年齢保育は、保育者自身も疑問ととまどいが残る中、とにもかくにもスタートしました。しかし、そうした疑問やとまどいを振り払ってくれたのは、子どもたちの姿とその変化でした。B保育士が語っていたカナもその一人でした。

場面❶ あこがれのモモとだからこそ

家庭支援が必要だったカナは、自分が「一番」でないとほかの子をけったり、通りすがりに誰かをたたいたりと衝動性が高い子でした。「うちの子どもが『カナちゃんがいるから、保育園に行くの嫌だ』と言っています！」と複数の親から連絡が入るほどでした。保育の中でも「ちょっとごめんね、カナちゃんが、また怒っているから、少し先にさせてあげてな」と友だちに我慢させることが続いていました。カナには医者からも強い衝動性を抑える薬が出されており、保育者も本当は望ましいことではないとわかりながらも、こっそりご褒美（シール）をカナにわたして行動を変化させたり、ルールを覚えさせたりしようとしました。ただ、やはり効果はありませんでした。

ところが、同年齢だとトランプ遊びでは自分の気持ちを制御できず、順番を守らずに場をこわしてばかりだったカナが、異年齢の日だけは自分の順番を待つことができたのです。あまりの違いに保育者が驚いてよく観察すると、待ちきれずつい友だちの順番を飛ばしたときにも、年上だったあこがれのモモに「カナちゃん、それは今はせんときな」って言われると、どうしても一緒にゲームを続けたくて、我慢できているようでした。

すると次第に、同年齢の中で一番大好きだった（とはいっても一方的な〝好き〟でしたが）ユキが、「カナちゃん、今それしたら、みんなにカナちゃんのこと嫌いって言われるで」と言われると、ぐっと我慢して抑えられるようにもなってきました。

B保育士にとってこれは「目からうろこ」の体験で、〝これはなんや!?〟って驚きながら、何が起こったのかを考えてみました。すると、やっぱりカナにとって、お姉ちゃんたちの遊びに入るというのはすごく魅力的なんだ、自分が自分で「やりたい」と強く願うことがあれば、注意されても楽しめる自分、よい自分を自分の判断で選びとれるんだ、ということに気づいたのです。子どものしたい思いが自然と出てくる環境を整えることが、子どものこころの発達を促すということが次第に見えてきました。

ほかの保育者も異年齢保育に取り組む中で、従来の「あるべき発達」に向けた活動に参加させる保育よりも、一人ひとりの子どもの思いを大切にする保育の環境を整えるほうが、トラブルも少なく、保育も楽しいことを実感していました。こうして、異年齢保育を週一で試しにはじめてから二年後には、三歳以上の幼児は常に異年齢での保育にすることが決まったのでした。それは「あるべき発達」に過度に気をつかう保育との決別でした。

これまでの保育から変わるべきときに来ていることは、入園を希望する親の変化にもその兆候が見られました。

最初は週一だった異年齢保育を週に数日へと拡大した翌年、次年度の入園希望者を集めるときになって、ほかの園に先駆けて力を入れてきたゼロ歳児保育において、第一希望でＤ園を選ぶ保護者が誰もいないという出来事が起こりました。在園児の保護者にそれとなくたずねてみると、「Ｄ園はバザーもあるし、保護者会も後援会もあるから、親にとって大変やで」という声が流れていたようでした。子どもだけでなく、保育園に協力して当然の「あるべき親の姿」を保護者に求めてきた結果、仕事と育児で精いっぱい、園に熱心に協力する余裕がない、という最近の保護者の状況に対応しきれなかったのかもしれません。今までよい保育と信じてきた「うちの保育」を根底から見直すためにも、手応えを感じはじめた異年齢での保育に集中してみようということになり、完全な異年齢保育への移行が決まりました。

保育者を手がかりに自分で考える五歳児

異年齢保育に移行してから数年後、Ｄ園ははじめて法人二園目となるＫ園を立ち上げました。幼児期からの異年齢保育を最初から掲げた姉妹園でした。そこに二歳児から入園してきたのがナツでした。ナツは言語発達に遅れがあり、対人関係やコミュニケーションに困難のある子どもでした。大好きな活動だったプールからあがる時間になると、三〇分以上も大泣きして屋内に入ってこなかったり、ほかの子が植えたアサガオの芽を全部抜いたり、収穫までもうちょっとだったミニトマトも全部ひとりで食べてしまったり、毎日の話題に事欠きませんでした。三歳になって幼児の異年齢集団で過ごすようになってからも、新しいことや日常と異なることがあると固まったまま動けなくなったり、遊びの途中でふらっとどこかに行ってしまったりするので、大人がある程度そばにいてのフォローが必要でした。

場面❷　自ら考えて手を差し伸べたユズキ

ナツは散歩に自分のつもりや見通しがもてないと歩くのが遅れがちでした。重度の障がいがあるきょうだいを持つ五歳児のユズキは、春からそんなナツを気にかけて一緒に手をつなごうとするのですが、なかなかうまくいきません。そうしたとき、保育者はナツと、身体的なケアが必要な四歳児ミキを両手につないで歩くことにしていました。また車道が近くなると、「ミキちゃんはこっちの手をつなぐし、私（保育者）はこっち（車道側）の手をつなぐからね」と常に車道側が保育者になるようにしていました。

十一月のある日。遊んだ公園からの帰り道、ナツはなぜか保育者と手をつなぐのを嫌がりました。すると、ユズキが今だ、と思ったのかナツに近づいて「手をつなごう？」と手を差し出すと、この日のナツはすっと手をつないでくれました。ユズキは「やった！」とうれしそうな顔をしてその手をつないだまま、いつも保育者と手とつないでいたミキにも「ナッちゃんに一緒に遊ぼうって言うてみ？」と声をかけたのです。それを聞いたミキも「わかった！　ナッちゃん一緒に遊ぼう！」と言って手を差し出すと、ナツもあっさり手をつなぎ、これで子ども同士でのサンドイッチができました。

おお、すごいと保育者が感動していると、あぜ道から車道に近づいたとき、ユズキが

はっと思いついた様子で「こっちが車道かな」と言うと、ナツに「こっちはミキちゃんがつながはるしな」と事前に説明して一度つないだ手をはなし、ナツとまた手をつなぎ直しました。普段はしゃがんで道草をするナツも、この日はお姉ちゃん二人に手をつないでもらったことがうれしそうな表情で、にこにこした顔で園まで三人で歩きました。

何気ない散歩の風景かもしれません。ところが保育者にとっては驚かされた出来事でした。異年齢保育になる前から、散歩は園の大事な日課でした。じつはこのユズキ、運動会のリレーでも相手の気持ちに関係なく、自分の走りたい順番を自己主張して譲らないといったことが目立つ子どもでした。そんなユズキが、誰からお願いされるわけでもなく、いつも散歩の列からはぐれてしまう年下のナツを気にかけていました。きょうだいと重ね合わせていたのかもしれません。しかし、いつも強く自己主張しているようにナツに声をかけても、うまくいくはずはありません。散歩では「○○に行って、○○しよう！」と自分なりに工夫して声をかけていましたが、なかなか手をつなぐことができませんでした。

それでもあきらめず、どうしたら機嫌よく手をつなぎ続けてくれるか、自分で一生懸命考えていたことに保育者は驚いたのでした。不意に車道に出ないようにするにはどうしたらいいか。先生がいつもやっているようにサンドイッチにすればいい。でもどうやったら機嫌よく手をつないでくれる？　子ども同士で「一緒に遊ぼう」って誘ってみたらいいのじゃないかな？　そんな自問自答がユズキにあったのかもしれません。この日は自分で考えて誘ったことで手をつないでくれたことが、とてもうれしかったようでした。ミキも子ども同士からの提案だったからこそ、いつものように手をつなぎ直すことや、一緒に遊ぶ感覚でナツにかかわればいいんだということがすっと腑に落ちたのでしょう。

心が折れても五歳児に支えられて

四歳児になったナツは、ユズキが自分にしてくれたように年下の子を気づかう姿が出てきました。ただ、日常の保育では、やりたい遊びがあっても不器用なためにうまくできなくて放り投げてしまったり、保育者に任せて自分は絶対にしないなど、自分の気持ちを整理することができなくて困っている様子も見られるようになっていました。

場面❸ ちょっとがんばってみたらいいのに

毎年十一月になると、園の近くを流れる川辺にジュズダマ（イネ科の植物でハト麦の野生種）がたくさん実ります。子どもたちは散歩がてら、かたくて貝殻のように模様がきれいなジュズダマを夢中で集めます。ジュズダマの粒は一センチもない小さな楕円形ですが、芯を抜くとビーズのような穴が開くので、自然とそれでネックレスやブレスレットにする子どもが現れました。できあがった作品が棚に飾られると、三歳児から五歳児まで自分もつくりたいと言い出しました。しかし穴が小さいため、三歳のときのナツはほとんど糸を通せず、ユズキなど五歳児がつくったものをもらっていました。

この年も、ある日外遊びから帰ってきたナツは、ピカピカのジュズダマが箱いっぱいにあるのを見つけて、「私もやりたい！」と自分で糸を通しはじめました。今年は自分で糸を通すことがなんとかできたのですが、通したときの力加減がうまくいかなくて、せっかく通した糸が何度も抜けてしまいます。そのうち、「できない……」「先生がやって……」と心が折れてしまいました。保育者はいろんな言葉かけをして励ますのですが、不器用でうまくできない経験も多いナツはあきらめてしまった様子でした。

　ただ、安易に手伝ってしまうのもよくないと保育者は思って、「誰か年長さんに手伝ってもらう？」とナツに話していると、ナツの目の前に座っていた五歳児のチハルが「私が手伝ってあげようか？」と声をかけてくれました。すると『やらない』とかたくなだったナツが「うん」とうなずき、チハルにジュズダマを預けました。

チハルは器用に糸を通しながら、「ナッちゃんもちょっとがんばってみたらいいのに〜」と言うので、保育者がそのタイミングで「半分チハルちゃん、半分はナッちゃんがやったら?」とアドバイスすると、チハルのやり方をじっと見ていたナツが糸のもう片方を手にしてジュズダマに通しはじめました。チハルもほほえんでそれを見ていました。

ナツは自分で「できない」と思ってしまうと意欲を失ってしまい、大人に頼ることがよくありました。そのことに気づいた保育者は、大人ではなく、子ども同士ならどうだろうかと考えていました。このときはチハルが「ちょっとがんばってみたらいいのに」と押しつけがましくない態度で励まし、そっと保育者がナツを後押しすることで、もう一度やってみようという気になることができました。これがもし同学年だったら、プライドがあって、素直に甘えられなかったのではないか、と保育者は語ってくださいました。

友だちの一生懸命を最後まで見守れる仲間関係

園には子どもたちが自由に対戦できるゲームのおもちゃがあります。園が工夫していたのは、勝ち負けが知力で決まるのではなく、運で決まるゲームをいくつも用意すること。対戦しても、知力の勝る子どもだけがいつも勝つようなゲームではおもしろくありません。そうした工夫のせいか、五歳児になったナツも勝ったり、負けたりする経験をたっぷりして、ちょっと負けたぐらいで固まったり、席を立ったりすることはなくなっていました。くやしいけれど、次こそがんばる。ナツに限らず、そんな子どもの姿が増えていました。

場面❹　卒園直前の発表会

三月に保護者を迎えた最後の発表会が開かれました。何を発表するかは子どもたちが自分で決めます。みんなで考えた劇を披露したりして、楽しいひとときとなりました。最後に、卒園する五歳児全員で保護者に向けて発表したのが「けん玉」でした。保育者が『けんだましょうぶ』（にしひらあかね作、福音館書店）の童話を読み聞かせたことがはじまりでした。今年度はジュズダマをひとりで完成できたナツは、やればできると思ったのでしょう、そこからけん玉を夢中になって練習しはじめ、家に帰ってからも練習を続けました。発表会で何を見せたいかみんなで考えたとき、年下の子どもたちに見せたい気持ちもちょっぴり加わって、ナツが練習していたけん玉が自然とみんなの目標となりました。

とはいえ、本番に向けての練習がはじまると、緊張して今までできていた力が出せず、「もしかめ」のフィニッシュとなる「とめけん」も、なかなかうまくできませんでした。そこで保育者が、ほかの簡単な技をすすめましたが、ナツは納得せず、毎日コツコツとその「とめけん」を練習していました。

発表会当日。一生懸命練習した「とめけん」がなかなか決まりません。友だちはひとり、ふたりとできて発表を終えていき、とうとうナツが最後に残りました。ひとりになって一分が過ぎ、三分が過ぎ、五分が過ぎましたが、子どもたちはじっとナツを見守っています。誰も「早く」と言ったり、あせったりする表情はありません。無言のまま、固唾をのんで見守り、とうとうナツが剣先に玉を刺すことができました。

大きな拍手。ナツはまだ緊張しているのか表情を変えません。けれども発表会が終わったとたん、お母さんの胸元に飛び込んで喜びを爆発させるナツがいました。

ナツも友だちも、あせらず待てばきっとできると確信していました。このころには異年齢の子どもたちの関係も深まり、園庭を観察していても、四、五歳児を見た二歳児が三角馬にチャレンジしたり、三歳児がケイドロに入ったりする姿がそこかしこで見られるようになっていました。保育者たちも無理だろうと止めはしません。三角馬では安全面に気を配り、ケガのないように見守っています。異年齢保育をはじめる前であれば、段階を追ってやらせていました。〝三歳児でも竹ぽっくりなのに、まして二歳児で三角馬なんて〟――そう考えて止め

ていたといいます。しかし今は、二歳児ではできないだろうなと思っていても、本人が納得するまで周囲は見守り続けます。

できる・できないの差があるのが当然なので、年下に何度か遊びをこわされたとしても、次は一緒に遊んでもこわされないように年上の子どもは遊びを工夫していきます。けん玉の場面で、どの子もじっと見守っていたのは、「できるようになるペースは人それぞれ」、それが当たり前で、そのことが「とめけん」をやるんだと本人が決めた以上、できるまで自然に待つ、という集団の雰囲気をつくり出していたのです。だからまわりが無理に応援する必要もなく、ナツは最後まで安心して、成功できるまでじっくり取り組むことができたのでした。

3 新しい価値観とインクルーシブ保育

どの子どもも互いに「排除されない」保育とは

この保育園の実践をインクルーシブの視点からはどのようにとらえられるでしょうか。

加配対象児がクラスの半数をこえたこと、保育に対する親の意識の変化をきっかけに、D園の危機ははじまりました。子どもの「あるべき発達の姿」を追いかけ、レベルの高い発達を保護者に見せる保育。けれどもその保育は、子どもには発達に追いつくことを要求し、親には園への献身的な協力を期待し、保育者自身には発達年齢にふさわしい保育活動というしばりをかける、子どもにも親にも保育者にも自由のない保育ではなかったか、という問いがつきつけられました。多様性が求められる時代にあって、多様な子どもは受け入れていても、保育そのものに多様性がない状況、それが危機をもたらしたのではなかったか、と。

その硬直した状況を変えるには、保育の仕組みを根底から変える必要がありました。運動会が終わるまで「今日は竹馬やりたくない！」と子どもが言えないような保育ではなく、子どもの気持ちを大切に、子どもがしたいことを自由に考え、実際にできる保育を回復すること、そのことが重要でした。異年齢保育への移行は結果であって、最初から異年齢保育の実現を目標としたわけではなかったとD園のA保育士は自分の思いを語っています。もちろん、**場面❶**のカナのように、気になる子どもが異年齢の関係の中だとはげしく自己主張することなく、落ち着いて遊べたことから保育の手応えを保育者が感じたのは事実です。また、異年齢で年上のモモがいたからカナは主張できなかっただけ、とこの場面を否定的に見ることすら可能かもしれませんし、年上が幅を利かせるような保育になってしまうだけの異年齢保育では、インクルーシブな状況とは程遠いことになってしまうでしょう。

インクルーシブとは「排除されない」という意味をもっています。大多数の子どもが特定の子どもを気にしなかったり、逆に気になる子どもが自分だけを見てほしいとまわりの子どもを気に止めないとしたら、それはインクルーシブな状況ではありません。また、互いに排除されない関係とは互いの多様な価値を認め合い、意見を言い合える関係です。そうした関係が保障される環境のもとにある保育がインクルーシブな保育だといえます。

この実践では**場面❷**のように、自身も気になる子どもと見られていた五歳児のユズキが、ナッとどうしたら手をつなげるかを一生懸命考えて、四歳児のミキを巻き込んで手をつなぐために提案する姿がありました。**場面❸**ではがんばれなくなったナツに、チハルが保育者でもその場で言うのをためらうような「ちょっとがんばってみたらいいのに」というストレートな言葉で励まし、それを受け止めたナツが気持ちを立て直しました。**場面❹**ではなかなか「とめけん」が決まらないナツに対して、お決まりのような「がんばれ」コールではなく、みんなで固唾をのんで見守ることでナツが集中できる環境がつくり出されました。じつはこのとき、いつもは多動で落ち着かない四歳児のコウやタクもじっと黙ってナツを見守っていたのでした。

こうした環境からは園全体がインクルーシブな状況であったことがわかります。こうした状況と保育の営みはどこで交わるのでしょうか。

保育者も子どもも互いに気にかける保育へ

異年齢保育に移行する前とあとの保育の違いについて、K園の保育者にたずねると、「今も、昔も保育者はがんばっているんだけど、がんばるところが違う。環境をつくるところに力を入れるというか。遊びたくなるような環境にするところをがんばる」といいます。たとえば、三歳児はそれまでの二歳児までの園庭から、五歳児も遊ぶ広い園庭で夢中になって虫を探しはじめ、つかまえた虫をうれしそうに年上の子どもに見せにいきます。すると、四、五歳児も自分が三歳のときを思い出すのか、字が読める子は図鑑を持ってきてその虫を調べたり、本棚にある虫が主人公の絵本を見て、地下の世界をそれぞれが想像して絵を描きはじめ、三歳児も巻き込んで描いた絵を見せ合いっこしたりします。そんなとき、保育者は図鑑を見やすい位置に動かしたり、虫の絵本を本棚に目立つように置いたりと、すぐに子どもが興味を満たすことができる環境を以前よりも意識するようになりました。その意味でナツの保育実践においても、保育者があれこれと子どもの活動そのものに手を出して保育の枠をつくるのではなく、子ども自身がどうしたいか、どうなりたいかを自分で見いだすことができる環境づくりが印象的でした。

たとえば**場面❷**の散歩のエピソード。異年齢保育への移行前でも五歳児と三歳児が一緒に散歩することはありましたが、そのときは保育者の指示で五歳児が一列に並んだ横に三歳児が一列に並び、隣り合った二人が互いに手をつないで歩くだけで、そこには五歳児は三歳児の面倒をみるもの、という保育者が考える「あるべき五歳児の姿」が反映されていました。けれども、異年齢になってからは、安全な場所の散歩では保育者は何が危ないかと、子どもたちに声をかけるぐらいにして、どの子とどの子が手をつないで歩くか、手をつなぐ必要があるかは子どもたちに任せるようにしていました。できる限り、子どもの意志を尊重したのです。

普段は友だちによく見せたくて、自己主張が強くなり、気持ちが空まわりするユズキが、ナツのことはきょうだいのように気にかける姿に保育者は気づいていました。ここで保育者がナツとミキは配慮が必要な子どもだからと、ユズキのナツと手をつなぎたいという思いを大切にせず、「先生がするさかいそんなんせんでええよ」という姿勢でいたら、**場面❷**のエピソードは生まれなかったでしょう。強制したり遠ざけたりしなかったからこそ、ユズキは保育者とナツ、ミキのかかわりを散歩のたびに見ながら、ナツとどうしたら手をつなげるのかを考えることができたのではないでしょうか。

場面❸のジュズダマでも、大人からしたらナツはもうちょっとがんばればできるのにと思うのですが、当のナツからすれば大人である先生から励まされても、簡単に「できる」先生がそこにいるのに、自分でやる意味を見いだせなかったのだと思います。このジュズダマも移行前の保育なら、設定遊びとしてクラス全体でしていたことでしょう。移行後は、ジュズダマを散歩で集めたり、つくった作品を棚に飾ったりして、子どもたちの関心が高まるようにし、好きな時間に自由な意志でジュズダマで遊べるようにしました。その結果、ジュズダマをしていたチハルは本当におもしろいと思いながら、遊んでいたに違いありません。だからこそ、実感のこもった「ちょっとがんばってみたらいいのに」という誘いの言葉となり、ナツの心を動かしました。

インクルーシブな環境がもたらす新しい価値観

今のD園とK園の保育者たちは子どもが自然と遊びたくなる環境に力を注ぐようになっています。地元の木材でつくられた積み木を子どもたちは天井近くまで積み上げても、安全を確保したうえで、その作品を極力そのままにしておきます。立派な作品になると、二歳児も不思議とこわさないといいます。園庭には円を描いたり、竹馬を出しておいたりすると、自然と遊びがはじまります。広い空間では五歳児がケイドロをはじめると、三歳児も加わってきます。ケイドロもルールが難しい遊びですが、子どもたちは三歳児が途中で抜けたりしても、小さい子にはまだ難しいと理解しているのでルールを無視しても怒りません。少しルールがわかる四歳児には楽しく遊べるように、四歳児の特別ルールを五歳児が決めたりします。

こうした環境の中では、できる・できないがあるのは当たり前となります。子どもたちは自然と互いに教え合い、たとえ発達がゆるやかな状況でも、いつかできるようになる、あるいはできなくても活動を楽しむ工夫はできる、という希望を子ども自身がもつようになることを保育者は見つけました。その子ども自身の工夫の中で、はじめて子どもたちは最後まであきらめずにやりきる自分や、ちょっと背伸びしてなりたい自分になるために、誰かに頼りつつも、どうしたらいいかと一生懸命に考える自己内対話がはじまるのでしょう。**場面❹**のけん玉発表で子どもたちが見せた、見せかけの応援ではない心からの応援も、今がナツの正念場、だから集中を邪魔してはいけないと一人ひとりが考えた結果だったのではないでしょうか。誰よりも上手に早くできることがすごいのではなく、自分が決めた目標を誰もあきらめないことが、子どもたちにとっての価値となったのです。

D園とK園の異年齢保育への移行は、保育者にとって気になる子どもの価値転換を図るものでした。集団を乱す子どもが気になる子どもなのではなく、どの子どもも大人への信頼をもち、安心して自分の関心で遊びを見つけられるか、互いに遊べる工夫をし合っているか、と気にかける意味で、どの子どもも「気になる子ども」になりました。保育者も含めて、園全体が互いのことを気にかけ、排除されることのない集団、それがインクルーシブな集団だといえるでしょう。

実践者からの応答

一斉保育を中心にしていたころは「今日は何するの？」「これしていい？」と聞く子どもたちでしたが、「これがしたい」と思える環境を整えると、必要なものを自分たちで考え、遊びをつくり出す姿に変わってきました。保育者があれこれと手を出して枠をつくり出すのではなく、子どもの意思を尊重し、子ども自身がどうしたいか、どうなりたいかを自分で見いだせる環境づくりが大切だと改めて感じました。そのことが子ども同士の関係をより深めていくきっかけにもなっていると感じています。

ナッちゃんだけでなく、身体的なケアが必要だったミキちゃんの連絡帳にも「みんなの前でスキップを一人でできたことはうれしかったです。できてもできなくても、受け入れてもらえる仲間だと安心しているから、一人でもみんなの前でできるんだなぁと思いました」とありました。わが子だけでなく、まわりの仲間のこともちゃんと感じてもらっていることをうれしく思いました。年上の子だけでなく年下の子にも「支え、支えられ」しながら大きくなっていく保育がずっとつながっていければと思っています。

謝辞　事例に関しては滋賀県彦根市の社会福祉法人どんぐり会どんぐり保育園・どんぐりけんだいまえ保育園のみなさまにご協力をいただきました。ありがとうございました。

コラム❷

「統合」から「インクルーシブ」へ

用語の変遷に込められた願い

三山岳

インクルーシブという用語について

インクルーシブ保育とは英語の〝inclusive〟という単語に由来する言葉です。言葉としては一九九四年にユネスコ（UNESCO）が「特別なニーズ教育に関する世界会議」で採択した「サラマンカ宣言および行動大綱」により国際的に広まりました。では、なぜカタカナ英語のままなのでしょうか？　あるいは、なぜわかりやすい日本語に訳さないのでしょうか？　まず、英語のinclusiveは形容詞形なので、インクルーシブ保育を理解するためには、名詞形であるinclusionという用語の意味を含めてとらえる必要があります。ただ、このinclusionという単語は英和辞典では「包含」「包括」「包摂」という訳語が当てられ、そもそもの日本語の意味自体がわからない、というのがカタカナのままの理由のひとつです。

実際、inclusionはどのような意味をもつのでしょうか。じつはこのinclusionという言葉は、その反対語とされる〝exclusion〟から考えるとよいかもしれません。exclusionは一般的に「排除」と訳されるので、inclusionとはその反対の「排除されないこと」を意味します。したがって、インクルーシブ保育とは「排除されない」保育のことと理解すればよさそうです。

インクルーシブ保育という単語を聞いたことがあるという保育者に「誰が排除されない保育だと思いますか？」とたずねると、「障がいのある子ども」という答えが返ってくることが多いです。とくに日本ではその意味で使われる傾向が見られます。しかし、先のサラマンカ宣言では、障がいのある子どもに限らず、特定分野に特異な才能のある子どもや浮浪児、労働させられている子ども、遊牧民や僻地の子ども、さまざまな民族、他の恵まれていない子どもを含めた「すべての子ども」が排除されないこと、つまり多様性が排除されないことをinclusiveととらえています。世界的にはこの理解が主流で、本書でもその理解にもとづいて広い意味でのインクルーシブ保育を念頭においています。

統合保育とインクルーシブ保育の違い

前述したように、日本ではインクルーシブ保育は主に障がいなど特別な支援や配慮を必要とする子どもを含んだ保育のことだ、と一般的には理解されています。この理解の仕方は、日本での「特別支援教育」の導入のされ方に影響を受けたといえそうです。

幼稚園を含む日本の障がい児教育が二〇〇七年に「特殊教育」から「特別支援教育」に制度が移行した際、文部科学省が特別支援教育の目指すところは「障害のある者とない者が共に学ぶ仕組み」（インクルーシブ教育システム）の構築だと説明したことにより、「インクルーシブ」の対象は障がいのある人のことだという理解が一般的に広まりました。

日本ではサラマンカ宣言より二〇年前の一九七四年には、保育園と幼稚園で障がい児保育に対する補助を国がはじめ、障がいのある子どもと障がいのない子どもがともに生活する制度をこれまで維持してきました。その仕組みを「統合保育」と呼び、一九八〇年代に福祉領域で広まった、障がい者を社会から隔離せず、あらゆる人がともに暮らせる社会がノーマルであるというノーマリゼーションの思想と重ね合わされ、日本全国で広く普及しました。

そしてその実践から、統合保育では障がいのある子どもだけでなく、障がいのない子どもも互いの存在によって成長が促された事例が数多く報告されてきました。保育者にとってわかりにくいのは、こうした従来の「統合保育」と「インクルーシブ保育」との違いではないでしょうか。すでに「統合保育」の実践の積み重ねがあるのに、なぜわざわざカタカナ英語まで使って海外の言葉を取り入れる必要があるのか、と。

ここで注意したいのは、障がいのある子どもと障がいのない子どもが一緒に生活するだけでどの子どもも「排除されない」保育が実現するわけではない、ということです。

たとえば、障がいのある子どもは少数のため、保育の活動を決める際には大多数の障がいのない子どもの意見が優先される、障がいのない子どもの発達に沿った保育活動に障がいのある子どもが合わせるように仕向けられる、といった点で実質的に排除されやすいといわれています。つまり、活動や行事が大多数の子どもの発達に合わせてつくられた保育のままでは、障がいのある子どもが活動から外れてしまうのは「今は」仕方ない、子どもの気持ちに寄り添って、無理強いせず「そのうち」活動に参加できればよい、という状況になりがちです。今の活動や行事そのものがもつ排除性に気づきにくいのです。

インクルーシブ保育では「そのうち」ではなく、「今ここで」どの子どもも集団から排除されない活動が実現されることが目指されます。子どもの気持ちや意見を大切にすることはもちろん大前提です。このことは子どもの権利条約や障害者権利条約といった、世界的な権利保障の議論の中で近年とくに重要視されるようになりました。

インクルーシブ保育の実現に向けて

二〇二二年に公布された「こども基本法」では、第一条に日本国憲法と並ぶ形で、子どもの権利条約の精神にのっとって、子どもがひとしく健やかに成長する施策を国が行う責務を謳っています。子どもの権利条約は一九八九年に国連で採択された条約で、日本は一九九四年に批准しました。どの子どもも差別されず、最善の利益が与えられ、発達する権利があり、意見が尊重されることが大切にされています。この条約の批准国を監督する国連の子どもの権利委員会は条約の発効以後も、サラマンカ宣言に見られたような inclusion の理解にもとづいて意見を発信しています。

先に述べたように、日本ではインクルーシブ保育は障がい児保育との関連で語られることが多いのですが、これに関連しては先の子どもの権利委員会から「一般的意見九号（障がいのある子どもの権利）」が二〇〇六年に出されました。乳幼児期の教育を含めたインクルーシブ教育においては、すべての子どもを教育するのは普通教育制度の責任であるという確信に立ち、障がい児だけではなくすべての子どもの多様な学習条件および要求に正当に対応するため、学校カリキュラムは、障がいのある子どもと障がいのない子どものニーズを満たせるような形で見直し、開発されなければならないと指摘されています。

二〇二二年九月九日に障害者権利条約委員会による対日審査で示された総括所見は、国連から特別支援教育の中止勧告が出たと大きく報道され、話題となりました。世界的にはどの子どもも inclusion の考え方にもとづき、普通教育で障がいのある子どもの教育を考えるという方向に進んでいるにもかかわらず、日本の特別支援教育では世界的に分離教育とされる特別支援学校や特別支援教室などに通う子どもの数が急増していたからで、普通教育で一緒に学習できる環境とは何かに向けた議論が停滞していると見なされました。

その意味では、障がいのある子どもとない子どもが一緒に生活する環境を長年整えてきたのが保育です。今日、なぜあえてインクルーシブ保育という呼称が重視されるかといえば、統合保育の形態は当たり前として、加えて、集団にいる全員が楽しめ、無理強いそのものが存在しない、存在しようもない保育活動を考えることが求められているからです。幼保小連携の重要性が指摘されている今、学校現場にもモデルとなるような、障がいのある子どももない子どももともに生活するだけでなく、どの子どももともに楽しめ、排除されない活動による保育のあり方を考える必要があるといえるでしょう。

第3章　「保育者の協働」実践

「また今度ね」と言わなくてもいい保育へ

持ち味をいかし合う対話がつくり出す好循環

芦澤清音

長年続けてきた保育を転換することは、勇気と莫大なエネルギーをともなう挑戦です。本章では、期待と不安の中で対話を重ね、子どもの多様な声を実現する新たな保育へと転換をはかった保育園の事例を取り上げます。新たな保育へと変わっていく中で、保育者は、子どもの変化と可能性を見いだします。その一方で、保育者の役割が変化し、綿密な連携と協働が必要となり、その難しさも経験します。ここでは、インクルーシブな保育への転換の中で変わっていく子どもと新しい保育を支える保育者の姿を紹介します。

一〇年の異年齢保育実践で養われた子どもを見る目

東京の郊外にあるH保育園では、一〇数年前に、幼児クラスを年齢別保育から異年齢保育にしました。同年齢の子どもだけの保育では、比較や競い合う関係が生まれやすくなります。また、子どもの関係も同年齢に限られてきます。そうではなく、一人ひとり、その子らしい育ちが大事にされ、安心して自分らしくいられる保育がしたい、また、年齢をこえた多様なかかわりを経験しながら育ち合ってほしいという思いから、異年齢保育へと転換しました。最初の転換です。

異年齢保育開始から一〇年あまりがたったころ、異年齢保育の蓄積を総括する取り組みが開始されました。異年齢の子どものかかわりを記録し、エピソード記録をもとに保育をふり返り、自由に語り合い、子どもの理解を深める取り組みです。

異年齢のかかわりを通して育ち合っていく子どもの姿が確認され、□歳児らしい育ち、△歳はこうあるべきという発達の原理にそくした評価的な見方ではなく、子ども一人ひとりの今の姿を多面的・肯定的にとらえる目が養われてきたことを確認することができました[1]。

1 再び新たな保育へ

保育の中で感じる葛藤と違和感の根っこを探る

一方で、子どもの姿を語り合う中で、保育のあり方への疑問や課題が浮かび上がってきました。その一つは、子どもの要求に応えられないという葛藤です。子どもが「～をしたい」と要求を出しても、「今、先生は○○をやっているからあとでね」「ちょっと待っててね」「今日は、○○するから今度ね」と子どもを待たせたり、要求に応えられず我慢させることが頻繁にありました。今度っていつなんだろう?――そんな思いが子どものあきらめにつながっていったようです。子どもは要求を出さなくなり、受け身になっていきました。指示待ちといわれる姿です。そして、保育者が決めた活動に参加するのですが、中には、参加したくない子もいることを保育者はわかっていました。

たとえば、この園では、わらべ歌遊びを大事にしているのですが、好きではない子もいます。しかし、子どもには、参加しないとかほかの遊びをするという選択肢は与えられていません。そんな中で、保育者は、子どもが本当は何が好きなのか、何がしたいのか、どんな持ち味や可能性をもっているのかがわからなくなっていきました。

以前の保育の様子です。

「今日は、ホールでわらべ歌をします。手をつないで廊下に並びましょう」。朝の会が終わると保育者が声をかけ、子どもたちが廊下に並び、二列になってホールに向かいます。

ホールに入ると、まず、心を落ち着かせます。保育者が、トライアングルを鳴らして、「みんな、耳を澄ましてよーく聞いてね。音が聞こえなくなったら手をあげましょう」と声をかけると、ホールはシーンと静まりかえりました。静寂の中で、さとるは足をもぞもぞ、顔をきょろきょろと落ち着かない様子です。

わらべ歌がはじまりました。「あんたがたどこさ、ひごさ、ひごどこさ、……」の「さ」のところで、お隣の子どもの膝をポンとたたきます。さとるは、たたくタイミングが合わず、輪の外に出て床に寝転がりました。次のわらべ歌がはじまり、子どもたちは、保育者の声かけで立ち上がると、手をつないで円になり歌に合わせてまわりはじめました。さとるは、部屋の隅で寝そべったりカーテンの陰に隠れたりしていましたが、視線は子どもたちから決して離れません。少しずつ輪に近づいてきたとき、保育者が「さとるくん、おはいり」とさとるの手をとって輪の中に誘い入れました。さとるは、その言葉を待っていたかのように入ってきましたが、自分の期待していた役になれず再び輪から外れて、ホールから出ていきました。

さとるは、じっとしているのが苦手といわれている子どもです。わらべ歌は、うまく合わせられないことが多いので得意ではありません。保育者もそのことをよくわかっていましたが、苦手を克服してみんなと一緒に参加できるようになってほしいと思っていました。このように、みんなが同じことを同じ時間に、同じペースで行う一斉活動は、外れてしまう子がどうしても出てきます。苦手な子ややりたくない子は、我慢するしか選択肢がなく、活動から外れると保育者にとっては気になる子になっていきます。

さて、先に述べた話し合いから浮かんできた二つ目の課題は、遊びや活動が中断されるということです。自由遊びが終わると、だいたい同じ時間に朝の会をして、その日の一斉活動があり、給食になります。標準的な保育といえるでしょう。異年齢ですから、時間の流れは比較的ゆったりとしていますが、その分、そろうまでに時間がかかり、早い子はいすに座って長い時間待つことになります。保育者は、子どもの遊びを中断し、片づけを促します。切り替えに時間のかかる子には補助の保育者がつき、できるだけ予定通りに保育を進めていました。

浮かび上がってきた保育者の願い

保育者は、こうした課題について語り合う中で、次のような願いをもつようになりました。

・自分がしたい遊びを存分に遊び込めるような保育がしたい。
・大人の指示や評価を気にするのではなく、自分で判断して行動できる子どもになってほしい。そして、子ども自身で生活をつくっていけるような集団になってほしい。
・クラス内の狭い関係だけでなく、クラスの枠をこえていろいろな子どもや大人とかかわり、関係の幅を広げてもらいたい。

異年齢保育をふり返る取り組みは、新たな保育の模索へと発展していきました。どうすれば、遊び込める環境がつくれるのか、多様な思いや意欲を受け止め保育に反映させられるのか、関係を広げられるのか、そして、自分たちで生活をつくる集団を育むことができるのか。

保育者たちは、保育の経験を語り合い、資料を調べ、研究会や研修に参加し、他園を見学して保育実践にかかわる知見を広げていきました。

その結果、保育観の転換を迫られることになりました。子どもが、自分の「やりたい」という思いを実現する保育への転換です。それまでの保育は保育者主導で、保育者が決めた流れや活動に子どもをゆるやかに沿わせる保育でした。それを子どもが自分で決める保育にするにはどうすればよいのか。保育者たちは何度も相談を重ねました。そして、出した結論は、それまでの保育形態を根本的に見直すということでした。

一斉保育を転換する

まず、遊び込める環境をつくるために、時間の制約をできる限りなくして、たっぷりと遊べるゆとりが必要です。また、子どもの多様な思いや願いを保育に反映させていくためには、子どもが自分の思いを自由に表現できる関係や環境が必要になります。そして、その思いを実現していく遊びや活動が必要になります。魅力的な遊びが豊かにあればあるほど、やりたい遊びに夢中になることができ、子どもの新たな関係も生まれてくるはずです。

●子どもが自分で決める

たどり着いたのが、これまでの一斉保育を中心とする保育方法の転換です。一斉活動を極力なくし、設定保育は最小限にし、子どもが自分でしたい遊びを選ぶことができる保育にしました。また、遊びをやめるタイミングも子どもが自分で決めることにしました。これは、遊び込む時間をたっぷりとるためです。その結果、給食は、子どもが自分で遊びに区切りをつけてから席について食べはじめることになりました。

●保育者の体制を変える

このように、自分がしたい遊びをする環境をつくるためには、保育者の体制を変更し、子どもの多様な要求に応えられるようにする必要が出てきました。

そして、異年齢保育の形は変えずに二クラス合同にし、幼児クラス四クラスを二クラスに再編することにしました。これまでの担任、補助それぞれ一名による保育者二人体制を、担任、補助二名ずつの四名体制とし、連携しながら環境設定を行い、子どもの遊びを支えていくことになりました。子どもの数は二倍になりますが、四人で連携することにより、保育者は子どもの足並みをそろえたり、時間内に一斉に動かす役割から、子どもの多様な遊びを支える役割となることが可能になります。

こうして、新たな保育形態を試行しながら少しずつ保育を変えていき、約二年かけて、完全に新しい保育形態に変更しました。新しい保育が全面的にはじまった年のある日の風景です。

クラスを隔てていたパーテーションが外され、子どもたちは、広々した空間を自由に行き来しています。もともとあったままごとコーナーや絵本コーナーなどに加え、低い棚などで区切ったスペースが増え、子どもたちは、思い思いに空き箱などの廃材、折り紙、粘土などの制作に取り組んでいます。床の空いたスペースではコマで遊んでいるグループや、段ボールでつくった電車を乗りまわしている子、積み木で大きな作品をつくっている子どもたちがいます。寝そべって本を読んでいる子もいます。畳のスペースでは、ブロック、ままごと、ごっこ遊びをしている子どもがいます。保育者は、いくつかの遊びのグループの中にいて一緒に制作をしたり、部屋の一角で、数人の子どもとわらべ歌遊びをしたりしています（写真）。

廊下にも、低い机を出して制作をしている子ども、線路を長く並べて電車を走らせている子ども、廊下のくぼみで三、四人で何やら相談をしている子どもがいます。

お昼前になると、調理室からワゴンが運ばれてきました。保育者がエプロンをつけ、空いたスペースに机を並べ、食事の準備をはじめます。早く食べたい子は、片づけて午睡の準備をして、早々に席につくとおかずを取りに行きます。一つの机に、数人の子どもが座り、自分のタイミングで食べはじめます。保育者に頼んで廊下にテーブルを出してもらって食べている仲よしグループもいます。食事に気づき、遊びを切り上げ片づけはじめる子どもが増えていく中、ブロックなど自分のつくった作品をとっておくために、段ボールの囲いを置いて、食事に行く子どももいます。保育者は、さりげなく片づけや布団敷きをサポートします。外遊びをしていた子も、お腹がすいた子どもから順次片づけをして入室してきます。

保育者は、全体を見つつも、基本的には小さなグループの中にいて、子どもと一緒に遊びながら、遊びが継続し、発展するきっかけをつくったり、子どもの関係を広げたりしながら、子どもが遊び込める環境をつくっていきます。

2　変わりはじめる子どもたち　ともに変わる保育者たち

時間の制約から自由になる

保育が変わったことで、子どもの姿が変わりはじめました。最初は、保育者の指示がないため何をすればよいのかわからずとまどっていた子どもも、したい遊びを見つけはじめました。「一緒に○○しよう」と誘い合う姿も見られるようになってきました。これまでのように、時計を示されて、「時計の針が〇〇になったらお片づけをしますよ」と指示されることもなくなり、時間の制約から自由になったことは、子どもにとって大きな安心感となり、時間を気にせず、遊び込む姿が見られるようになってきました。給食、午睡、おやつという大きな保育の流れの中で、自分なりに考えて過ごす自由が保障されるようになりました。そんな中、保育者たちは次のような変化に気づきはじめます。

●要求を出すようになる

自分のしたい遊びができる環境の中で、子どもは「水遊びがしたい」「小麦粉粘土したい」と保育者に自由に要求を出すようになってきました。わらべ歌も、今までのように全員が一緒にするのではなく、少しずつやりたい子が入ってきて、輪が大きくなったり、だんだん抜けて小さくなったりします。こうして、遊びの開始と終わりは子ども自身が決めるようになっていきました。

●子ども同士の関係が広がる

自由な遊びが保障され、またクラスの子どもの数が増えたことで、子ども同士の多様な関係が生まれてきました。年長児の中に年中児や年少児が入っていったり、年中児の遊びの中に年長児や年少児が入るなど、遊びによって多様な子どものかかわりが生まれてきました。子どもたちの関係は、遊びによって流動的になりました。

●主体的な子どもの関係が生まれる

子どもたちは、自分たちで工夫して遊び場をつくるようになりました。また、「何してるの？」とのぞき込んできたり、年齢に関係なく教え合うような関係も生まれてきました。

●遊び込んだあと自分で区切りをつける

補助の保育者も気づきがありました。これまで、切り替えの場面になると必ず保育者の手をわずらわせていたひなたのエピソードを次のように語っています。

ひなたくんが、紙粘土の制作に長い時間すごく集中して取り組んでいたので、給食の準備がはじまっていましたが、廊下にテーブルを出して続けられるようにしました。しばらくすると、ひなたくんは自分から区切りをつけて、ごみ箱を持ってきてシートの上の散らかった細かい粘土の端をごみ箱に入れているのを見て驚きました。たっぷり遊んだ充実感で、こんなに気持ちよく次の活動に移れるんだと知ることができました。

保育者が手伝わないとできないのではなく、子どもが自ら決めて行動しようとしていたのを妨げていたのかもしれない。子どもは、自分のやりたい気持ちを十分に尊重されることで、自らが判断して行動する力をもっている――この気づきは、ひなたに対する見方を変えただけではなく、保育者が子どもの力をもっと尊重していくきっかけになりました。

保育者の役割が変化する

このエピソードにおける保育者自身の行動の変化について見ていきたいと思います。補助の保育者は、保育の流れを優先し片づけを促すのではなく、子どもの姿を見ながら子どもの思いをかなえようとしています。保育の変化によって、このような柔軟な対応ができるようになりました。予定通りに動かす保育者の役割から、子どもの意図を第一に考えて、補助の保育者自身が主体的に行動する保育に変わったことがわかります。補助の保育者も子どもの遊びの中に入って、一緒に制作をしたり、ごっこ遊びをするなど、遊びをサポートし、給食や午睡といった生活の活動においては、子どもが自分で考えて動けるように保育者同士が連携をとるようになったのです。

つまり補助の保育者も、担任同様、遊びを展開する役割を平等に担うことになり、主体的に行動することが求められるようになったということです。保育者の一人として、対等に保育について考える立場になったといえるでしょう。多様な遊びを展開するためには、補助の保育者も環境づくりを担う一人となりました。

その役割の変化が、障がいをもつ子とまわりの子どもとのかかわりを増やすきっかけともなりました。遊びを豊かにするために、担任と補助の保育者が対等に子どもとかかわります。その様子を日誌のエピソードから一つ紹介します。

室内遊びをしていたちかと中川保育士（仮名、加配保育士）。少し離れたところには、ぬり絵をしている三人の年中児がいました。私（担任）が大好きなマットを持ってきて、「ちかちゃん、マットしようか」と声をかけるとちかはうれしそうにやってきました。ちかを真ん中に乗せて「このこどこのこ」のわらべ歌を歌いながら中川保育士と二人でマットの端を持って揺らしていると、ちかの楽しそうな声を聞いて近くにいた年長と年中の二人がのぞきにきました。「マットを持ってあげる」とマットの片方を二人で持ち「ちか

ちゃん重いね」と言いながらみんなで笑い合っていました。そこに、ぬり絵をしていた年中児たちもやってきて、マットに乗りたいと要求。しかし、ちかがマットから降りようとしないので、新しいマットを持ってきて、「上から下から」のわらべ歌を歌いながらバルーンのようにマットを子どもたちにかぶせたり持ち上げたりすると、ちかも入ってきて子どもたちは大興奮。終わると「もう一回」コールがはじまりました。

多様で自由な遊びの中で、子ども同士のかかわりが広がっています。楽しそうな声につられて年齢をこえた新たな関係が生まれました。ちかは、ゆっくり発達している三歳児です。そのちかが好む感覚を楽しむ遊びを年中児がちかと同じように楽しむのを見て、保育者は、遊びを幼児向き、乳児向きという発達の枠組みでとらえていたことに気づかされました。こうして、いろいろな子どもがいることで、年齢にとらわれずに遊びの幅が広がっていきました。

3 毎日が変化のプロセス

子どもの声を手がかりにマイナーチェンジを続ける

新しい保育がはじまって二年近くが経過しました。保育者たちは、子どもたちが遊び込める環境をつくるために、引き続き改善や工夫を重ねています。その一つは、食事の場所が保育室からホールに変更されたことです。二年目に入って少したったころのことです。これまでは、二部屋のうち一部屋は遊び続けられるようにして、片方の部屋に食事を用意していました。子どもは食事に気づきやすい反面、遊び場所が狭くなることと、食事に気をとられて遊びに集中できなくなってしまう様子も見られたため、安心して遊び続けられる環境を考えた結果の変更でした。移動時は、三歳児ができるだけかたまって、第一陣として保育者と一緒にホールに向かい、もっと遊んでいたい子は、四、五歳児の誰かと一緒に行きます。このルールは、比較的混乱なく子どもの中に浸透し、年長の子どもが自然に年少の子に声をかけて手をつないで行く姿が見られるようになりました。四、五歳児は、これまでと同様に自分のタイミングでホールに行っています。

生活の流れの変化とともに、遊びの環境についても工夫が続けられています。ある日の子どもたちの様子です。

その日は、十月生まれの子どものお誕生会が開かれることになっています。集まりやすいように部屋が仕切られ、外遊びをしていた子どもたちも着替えをして、担任のまわりに集まってきました。紙芝居がはじまり、遅れて入ってくる子もいましたが、お誕生月の子どもへの手づくりメダルの授与式にはそろって参加しました。最後は、補助の保育者お得意の手づくりスケッチブックシアターです。子どもは話の中にすっかり入り込んでハラハラドキドキしたり、一緒に呪文を唱えたりしながら大盛り上がりです。

出し物が終わり、担任が「これからお部屋で遊びましょう」と声をかけ、部屋のパーテーションが開け

積み木を使った街づくりは数日ごしで継続中
お誕生会で盛り上がったあともさっそく再開

られました。子どもたちは迷いなく自分の遊びたい場所に散らばっていきます。ままごとコーナーでは、ハンバーガーとケーキのお店が開店し、絵本コーナーには、数人の子どもが保育者のまわりに集まって絵本を読みはじめ、数日前から積み木で高層ビルや高速道路をつくっている子どもたちは段ボールのついたてで囲った場所で街づくりを再開し、机では廃材を使った制作、散歩で拾ったどんぐりのケーキづくりなどなど。畳のスペースでは、ブロック遊びや、誕生会がはじまる前から段ボールの仕切り板、布やマット、いすなどを使って準備していたお家ごっこがはじまります。

子どもたち自身も参加して
今の自分たちに合った空間がつくられていく

保育者は、絵本コーナー、さまざまな制作、ままごとなどに入りながら、子どもの声を聴いて環境を工夫していきます。この環境がつくられるまでに保育者は、日々工夫を重ねてきました。遊びに使う材料、おもちゃの種類や量、配置、取り出しやすい置き方と置き場所の工夫。コーナーは小さめにつくったほうが子どもが集中して遊べること、ままごとコーナーを、畳のスペースから床の壁際に移動させてみると、子どもがしっとりと遊び込むようになるなどの発見もありました。コーナーは、子どもたち自身によってもつくられていきます。大事な積み木の制作を段ボールの仕切りで囲み、数日間かけて街づくりを展開したりしています。ままごとコーナーは、ままごとをするだけではなく、子どもたちが順次食事に行くと、別の遊びが展開したりしています。壁際のままごとコーナーは子どもにとって、落ち着ける場所になっているようです。多様な遊びが展開する環境の中で、一斉保育であれば、気になる子といわれることもある集団活動が好きではない子も、自分の取り組みたいことに没頭し、その姿に興味をもった子どもたちが、自然に集まってきます。たとえば、文字や数字に強く昆虫図鑑や虫の絵本を隅々まで読み込んでいる四歳のゆうたが、虫の絵本やクイズを楽しそうに読みはじめると、ゆうたファンの三歳児のかなむだけでなく、数人の子どもが集まってきて笑いの渦が起こります。

保育者も、担任、補助関係なく、遊びを展開していきます。園庭の菜園になっている野菜がしおれたり大きくなりすぎて食べられなくなっているのを見つけた子どもと保育者が、菜園からピーマンやオクラを取ってきて野菜スタンプを廊下ではじめると、五、六人の子どもが集まってきてスタンプ遊びが展開するなど、保育経験豊かな補助の保育者の発想や得意が遊びを豊かにするのに貢献します。若い担任もそれを見て学び、自分の得意や好きを保育にいかして、保育の幅を広げていきます。

重要性が増す保育者の対話と連携

生活の流れづくり、日々の保育環境設定など、保育者の連携が欠かせない保育になりました。一年目は、新しい環境の中で、子どもが遊び込めるか、混乱なく生活できるかなどがテーマになりました。担任は、遊び、給食、午睡などの生活の流れづくりと、環境づくりのために、全体を見守ることが多くなり、補助の保育者とは対照的になかなか子どもの遊びにじっくりつきあえないことが多くありました。担任は、自分の責任として保育をうまくまわすという意識からなかなか抜けきれませんでした。

日々の試行錯誤と、給食の場所変更などによって、保育室内はじっくりと遊び続けられる環境になりました。四人の保育者の日々の役割が計画しやすくなり、動き方がわかりやすくなりました。また、担任は子どもの中に入る余裕ができ、子どもの声が聴こえてくるようになってきました。それが、環境設定を考える楽しみにもつながっています。

保育者の話し合いは、ほぼ毎日午睡時に行われます。最初は、生活の流れの確認だけで精いっぱいのことも多かったのですが、徐々に子どもの様子を共有し、保育環境を考えることが、話し合いの重要な部分にもなってきました。それぞれの気づきから、保育者は環境を考えるうえで、自分の得意をいかそうという意識も強くなってきました。

新しい保育になって二年目に乳児クラスからはじめて幼児クラスの担任になった若い保育者は、当初、子どもが自分自身で遊びを選択し、自分で決めて行動するという子どもの思いを優先する保育を目の当たりにして、価値観の葛藤を経験しました。「子どもが好きな遊びを選択して遊んでいるのは悪いことではないけれど、自由遊びにすぎません。この子はこういう年齢で、発達の視点からここを伸ばしたいから、こういう遊びが必要というような大人の発達の知識と意識が必要だと思う。そうでないとただ遊んでいるだけになる」と語ったのは、幼児クラスの担任になって三ヵ月あまりがたち、食事の場所がホールに変更されたころでした。年度はじめの子どもの落ち着きのなさと、子どもとの関係性が希薄な中で、変化していく保育についていくだけで精いっぱいの状況でした。子どもの生活の援助、トラブル対応、食事の準備など常に時間に追われていると感じ、子どもにじっくり向き合うことも遊ぶこともできず不全感に悩む日々でした。

しかし、保育と子どもについて語り合い、悩みを伝え、同僚の思いや保育観を知る中で、意識が少しずつ変化していきました。子どもの中に入って一緒に遊ぶ時間を意識的にもつようになると、子どもが自ら遊びを工夫し、保育者が予想もしない形に発展させていく姿が見えてきて、子どもの可能性を引き出す遊びの環境を工夫していくことが重要だと考えるようになっていきました、そして、子どもの遊びやイメージが広がるように得意な小物づくりに力を入れるなど環境づくりに意欲がもてるようになりました。

保育者の物理的な連携以前に、価値観の共有がなければ、複数の保育者が連携し協力しながら保育を創造していくことは困難でしょう。ですから、保育者間の情報共有だけでなく、保育への思いを語り合う対話の場が重要になってきます。

クラスの壁をこえて、両クラスの担任四人とフリーの保育者が話し合う機会もあります。二つのクラスは、自由遊びが中心であることとホールでの給食は共通ですが、環境構成、子どもの遊び方や過ごし方には違いがあり、クラスの個性が出ています。情報共有することによって、保育の幅も広がっていきますし、協力体制もつくりやすくなります。もちろん、悩みも共有できます。

一つのクラスでは、最近、午後のおやつのあとに子どもたちが集まって、一日の遊びを共有したり、聞いてほしいことや伝えたいことを話す時間をつくりました。仲間に自分の思いを知ってもらったり、仲間の思いを知ることで、お互いの遊びにもっと興味をもち、明日の遊びに期待を高め、発展させてほしいと考えたからです。

隣のクラスの新しい取り組みや子どもの様子を聞くことは、保育者の刺激になり、子ども理解を深め、保育の意味や意図について考えるきっかけになっています。さらに、クラスをこえて協同する可能性を広げる機会にもなっています。

このように、子どもが自分らしさを表現し、生きいきと遊びを展開し、子ども同士で育ち合うクラスづくりに向けて、毎日がプロセスだといえるでしょう。

子どもの姿が変化する中で、環境を工夫し、子どもだけでなく、保育者も多様な持ち味をいかすインクルーシブな保育が目指されるようになっています。

4　H保育園の保育の探究をインクルーシブ保育の視点から読み解く

遊びの豊かさがつくり出していたもの

インクルーシブ保育は子どもの多様性を前提とし、どの子も排除されることなく、一人ひとりの声（意見）が尊重され持ち味がいかされながら育ち合っていく保育です。

H保育園ではインクルーシブ保育という言葉は使っていないのですが、「子どもが自分でやりたい遊びを遊び込む中で、自分の力を発揮し肯定感を育み、仲間を意識しながら、自分で考え行動し、協同しながら自分たちの生活をつくっていけるような子どもを育む保育」を目指しています。

二つは多くの点で重なります。まず、多様な子どもがいることを前提としているということです。好きな遊び、やりたい遊びはそれぞれ違います。遊び方もそれぞれです。遊び込む中で、子どもは自分なりに心を動かし、おもしろさ、楽しさを見いだしていきます。遊びの多様性を大事にする保育は、個々の子どもの違いを認め、尊重することからはじまるといえるでしょう。一人ひとりの違いが、遊びを思わぬ方向に発展させたり豊かにしたりしてくれます。これはインクルーシブ保育の前提と重なります。その子なりの持ち味やよさが遊びの中で発揮され、まわりの子どもたちにも影響を与えていきます。

次に、子どもの声が大事にされるということです。インクルーシブ保育の大事にしている点は、子どもの意見表明権、つまり聴かれる権利です。Ｈ保育園の保育の中では、子どもの要求が聴きとられ生活や遊びに反映されるので、子どもは自分の声が実現されることを経験し、肯定感を育みます。遊びの中でのつぶやきも丁寧に聴きとられ、新たな環境設定につながっていきます。聴かれる権利が尊重されている保育といえるでしょう。

そして、もう一つは、多様な参加のあり方が認められているという点です。時間にしばられず、遊びという大きな枠組みの中で、自分らしい多様な参加の仕方が尊重されています。子ども一人ひとりのあり方が尊重され、いかされるインクルーシブな保育の参加のあり方といえるでしょう。

インクルーシブ保育を支える保育者の協働

このような保育には保育者の協働が重要になります。Ｈ保育園では、新しい保育をはじめるにあたって、保育観を共有し、目指す保育を実現するために、具体的な保育の形態が構想されました。その中で重要なのは、保育者の連携です。担任と補助の序列的な関係はなくなり、保育観を共有して、自分で判断して、子どもたちの遊びの展開をサポートしていくことになりました。遊びの引き出しが豊富なベテランの補助の保育者から担任が学ぶこともあります。高め合う関係が生まれています。

保育者の連携は、実践の中で修正、改善が行われていきます。対等に保育に入るとはいっても、保育全体を見通し、進めていくことに関しては、担任保育者が責任を担います。新しい保育が開始され、当初の試行錯誤の中では、担任は保育を進めることに意識を向きがちで、子どもにしっかりと向き合い、子どもの声を聴く余裕がないことも多々ありました。その不全感や葛藤を、幼児クラスの保育者集団が共感的に対話を重ね、保育観を共有することで乗り越えていきました。

インクルーシブ保育を実践していくためには、保育者間の同僚性が重要になってくると考えられます。同僚性は、保育者の専門性向上や保育の質向上を目指す保育カンファレンスのあり方との関連で語られることが多いのですが、その本質は、園内の同僚が理解し合い、協力関係をつくることです。[2]そのためには、日々の保育を安心してふり返り、自分の思い、悩み、葛藤を自由に語り合い、援助や協力を求めることができる対等な関係性と対話の場が必要になります。インクルーシブ保育には、子どもだけでなく、保育者も互いの違いと持ち味を認め合い、理解し、協力し合える関係を築くことが重要だといえるでしょう。

実践者からの応答

自分たちの積み重ねてきた保育をふり返りながら、お互いに感じたことを話し合うよい機会になった。

子どもの遊びは日々変化しているので、子どもの変化を感じとり、環境を変えていくことで子どもは夢中になって遊び、子ども同士の輪が広がり深まっている。そして、年齢をこえた関係ができ、一緒に遊ぶ姿や、多様性の中で自分に合う仲間を探している姿がある。お互いの知恵を出し合い、工夫しながらくり返し遊んでいく中で、気づきやアイデアを出し合い発展させている。トラブルや困っているときも、気づいた子がかけつけて話を聞いて解決しようとするなど、子ども同士が学び合う姿が見られている。これからも子ども自身が気づけるような声かけをどうしていくか、子どもたちの声を聴き、興味、関心をもてるような環境づくりと子どもの安全を考慮することを、保育者が互いに支え合いながらすすめていきたい。情報を共有し合うことで保育者間の連帯感が生まれている。今後さらに幼児クラスの保育者全員が連帯感を強め、子どもの育ちを共有し話し合う時間をもつことを大事にしていきたい。

引用

・芦澤清音「インクルーシブ保育を実現する保育形態についての一考察――主体的で豊かな遊びを保障する柔軟な保育をめざして」『帝京大学教育学部紀要』一〇、二〇二二年、八五～九七ページ

1 下田浩太郎「年齢別保育から異年齢保育へ――保育形態の変化と子ども理解」『発達』一六八、ミネルヴァ書房、二〇二一年

2 芦澤清音「保育者間の対話が子ども理解を豊かにする園内研修」浜谷直人・芦澤清音・五十嵐元子・三山岳『多様性がいきるインクルーシブ保育――対話と活動が生み出す豊かな実践に学ぶ』ミネルヴァ書房、二〇一八年、一一九～一五五ページ

コラム❸

子どもと保育者を主体とする巡回相談

インクルーシブ保育のプロセスを支える

飯野雄大

保育所・幼稚園に心理士などが出向いて実施する巡回相談は、さまざまな地域で普及してきています。巡回相談では、保育者の主訴（困りごと）を聴き、個々の子どもやクラス集団の実態を通して、子どものニーズを検討し、園内でのかかわり方を模索していきます。

保育所・幼稚園における障がい児などを含めた保育のあり方については、「統合保育」から「インクルーシブ保育」へと移行してきています（九三ページの**コラム❷**参照）。その移行の中で、巡回相談のあり方も変化していく必要があります。そこで、次に紹介する仮想事例を通して、インクルーシブ保育における巡回相談がどのような役割をもっているのかについて考えてみたいと思います。

みんなと一緒に活動できないケイ

ダウン症のケイは、保育園の三歳児クラスに通っており、加配の保育者（担当保育者）がついていました。自分の意見などを言葉で表現することは困難で、保育者の腕をひっぱって要求をする子でした。普段はおだやかに過ごすことが多いのですが、本人の気持ちに沿わないことに対しては奇声をあげて拒否を示すことがありました。保育者は、ケイがクラスの子どもたちと一緒に活動できないことに困っていました。

ケイにはお気に入りの場所がありました。園舎の隅にあるウッドテラスです。ケイはウッドテラスに寝そべり、木板の隙間から下をずっとのぞき込むのです。のぞき込む場所を移ることはありますが、声をかけなければ、そのまま数時間テラスの下をのぞき込んでいることもありました。給食は好きで、給食の時間に声をかけると室内に戻っていき、みんなと一緒に給食を食べます。

巡回相談当日は、子どもたちが自分で切ったストローを使って園庭でシャボン玉を吹いてみようという活動でした。ケイはシャボン玉に興味があり、クラスの子と一緒に担当保育者がつくったストローでシャボン玉を吹こうとしますが、うまく吹くことができません。そのため、次第に飽きてウッドテラスに行ってしまい、いつものように寝そべってテラスの下をのぞき込みはじめました。

相談員がテラスの近くでしばらく見ていると、ケイが来て相談員の手を取りテラスに連れて行きました。そしてまたテラスの下をのぞき込みました。それ以降、相談員とかかわろうとすることはありませんでした。お昼の時間になると、担当保育者と一緒にクラスへと戻っていきました。

ケイのカンファレンスでは、まず発達の現状が話し合われました。相談員から、言語表出の様子やこれまでの検査などの結果をふまえて発達年齢としては一歳程度だと予想されることを伝えました。クラス担任はケイ以外の子どもたちにかかわるのが精いっぱいで、日常的にケイに直接かかわったり、ケイを含めた活動を考えたりする余裕はないようでした。クラス担任からは、担当保育者に任せっきりになってしまうことにうしろめたさを感じつつも、クラス活動にケイを参加させていくことの難しさが語られました。

一方で、ケイの担当保育者はただ見守っているだけでいいのか疑問をもっていました。少しでも活動に参加させてあげたいと考えつつも、ケイをテラスから引き離してクラス活動に促してよいのか、またその場合どのように促していけばよいのか困っていました。ケイへの対応について、保育者それぞれに葛藤がありました。

一般的な巡回相談では、巡回相談員は子どもの発達的特徴を把握し、「どのようにクラスの活動に参加させるか」を検討することがアプローチの一つになります。その方法として、環境調整、視覚支援などの配慮を提案したり、療育などへとつなげ本人へのトレーニングをすすめたりすることもあります。そういったアプローチが適切であることも多いのですが、「対象児を集団へ参加させること」を目標とすると、「統合保育」の流れに位置するアプローチとなっていくと考えられます。

とくにケイのようなケースでは、集団に参加させていくことが困難であり、集団参加ばかりを考えると保育者が葛藤をもちやすいことがあります。また、ケイはすでに医療機関に通っており、そこで定期的な療育も受けていました。そのうえで、保育園でできることを考えていくことが課題となっていました。

ケイちゃんって何が好きなんだろう？

保育者が葛藤をもちやすい背景として、ケイ自身から「こうしたい」「これを遊びたい」といった意見の表明が見られにくいことがありました。ケイのニーズがわかりにくく、保育者としてどのような対応がよいのか不安や迷いをもちやすいのです。そのためまず巡回相談では、ケイ自身のニーズをどのようにとらえていくべきかが話し合われました。

ケイは担当保育者の手をひっぱって一緒にウッドテラスに行くことがあり、ケイが保育者を迎えに来ることもありました。また、邪魔されるのでなければ、同じ場所に他者がいても拒否を示すことはありませんでした。そういった様子から、ケイなりに他者とかかわりたい気持ちはもっているのではないかと話し合われました。

ケイと他児が一緒にできる活動は何かないかと相談がはじまったのですが、なかなかよい案が出てきませんでした。そこで相談員は「ケイちゃんの好きな活動ってなんでしょう。ああいう（テラスの）隙間からのぞくのっておもしろいですよね」とケイの好きな活動に焦点をあてました。その発言がきっかけで、ケイが好きな活動についての話し合いがはじまり、ケイが好きな場所に注目が集まりました。

「ケイちゃんは何を見ているんだろう」「ほかの子が見たら何か見つかるかな」「(クラスの) みんなも見たいかな」など、いろいろな話が出てきました。最終的に相談員の視点も含めて、ケイの好きな「場所」をきっかけにした活動について考える場となりました。

後日の巡回相談では、ウッドテラスにケイを含めて何人かの子どもたちが集まっていました。穴をあけた包装紙やトイレットペーパーなどの筒を持って子どもたちがテラスの隙間をのぞいています。クラス担任が「いろいろなものを使って、テラスの下を見てみよう」とクラスの子の何人かを誘ってみたとのことでした。穴からのぞき込んだ子たちが、「こっちは明るいよ」「ダンゴムシだ」「アリの巣がある」といろいろな発見をしはじめました。しばらくしてクラスの子たちは満足したのか別の遊びに移動しはじめました。

そんなときある子がケイに「こっちにアリいるよ」と声をかけていきました。するとしばらくしてケイはその子がいたあたりに移動してのぞき込みはじめました。

クラス担任と担当保育者はそういった様子を見て、ケイは他児に関心をもっていることを改めて共有し、それぞれが他児と活動できそうな機会を見つけて話し合っていこうと感じたと話してくれました。

多様な視点に出会えるカンファレンス

カンファレンスでは、相談員の発言から「クラス活動にケイを参加させよう」という視点が、「ケイの活動からクラス活動を考えよう」という視点へと変化していきました。しかし、クラスの子どもたちがケイと同じ活動をすればよいわけではありません。そのために、ケイの活動を尊重しながら、他児にとっても「楽しい」と思われる工夫（いろいろな見え方ができる道具）を保育者は考えました。それが子どもたちとケイと結びつける役割となったのだと思います。

ケイのように、障がいなどによって自分の意思を明確に言語で表現できないといった、意見表明に困難をもつ子どもが保育所・幼稚園に在籍していることはめずらしくないように思います。意見表明が困難な子の活動を考えていく際には、正解を探していくというよりも多様な視点から多面的に子どもをとらえ、よりよいかかわりを模索していくことが重要になります。

そういった多面的な視点から模索をしていくきっかけとして巡回相談が役立ちます。巡回相談でのカンファレンスは、保育者とは異なる専門性の視点が加わり、多面的に子どもを考えることができます。そして、相談員は子どもに関係するそれぞれの保育者がもっている視点や葛藤をうまく調整しながら、新たな保育実践のヒントをつくり出していく役割があります。

継続していくプロセスとしてのインクルーシブ保育

この事例ではケイの活動を保障しながら、その場所を共有しようとする試みを通して、クラスの子どもの活動を広げていき、それがケイの活動にも影響していくようなプロセスが見られました。

しかし、このウッドテラスの遊びがいつまでも続いていくわけではありません。遊びが継続しながらも深まっていくことや、別の遊びへと興味関心が広がっていくこともあります。そのため、ケイの発達やクラスの活動の変化をとらえ、そのときどきで新たな活動やかかわりを継続的に考えていく必要があります。

そういう意味では、インクルーシブ保育は「結果」ではなく、継続していく「プロセス」だと考えることができます。インクルーシブ保育における巡回相談は、そのプロセスを支える役割をもっているといえるのではないでしょうか。同時に、子どもたちにかかわる保育者それぞれの葛藤を受け止め、保育者間の関係を支えていくものでもあります。

インクルーシブ保育を継続していくため、子どもと保育者を主体とした巡回相談になるようなシステムをつくっていくことが期待されます。

第４章　「医療的ケア児」実践

医療的ケア児の意見表明から考え合う保育

対話の形はいろいろ

西岡菜絵・山本理絵

保育園の異年齢編成のクラスで5歳児の医療的ケア児とともに過ごした一年間の実践です。最重度の障がいがあっても、表情やわずかな動作からその子の気持ちや伝えようとしていることを読みとり、一緒に楽しめることをみんなで考えていっています。プール、運動会での綱引きやかけっこ、自由遊びでのじゃんけん列車、劇づくりなど、それぞれの場面で楽しんでいることをいかしてみんなと一緒に主体的に参加できる方法を試行錯誤していっています。その際、やりたいことや一緒にやりたい人を選択してもらう場面をたくさんつくり、本人の意思・意見表明を大事にしています。その過程でお互いを知り合い、安心できる関係が築かれ、クラスの一員として位置づき、自分からも友だちを求め、対等で支え合う関係に発展していっている様子がうかがえます。ここから、インクルーシブ保育とは何かを考えたいと思います。

実践

はじめて医療的ケア児を受け入れる

P保育園さくらの部屋担任　西岡菜絵

P保育園には、三〜五歳児の異年齢クラスが二部屋ありますが、そのうちの一クラスさくらの部屋二二人の実践です。担任は私と高田保育士（仮名）のほかに、午前三時間と八時間の保育者が配置されていました。乳児から受け入れている園で、専任の看護師もいます。

れいは先天性疾患のため嚥下が困難で、自発呼吸も弱いので、気管切開をして人工呼吸器を使用しています。人工呼吸器は、少しの時間くらいなら外しても大丈夫な状況でした。たんの吸引、胃ろうからの水分補給、経管栄養が必要で、それらは保育園でも行います。寝返りはできますが、座位はとれません。四肢、手指は自由にではありませんが動かせます。移動はバギーを使用します。最重度の障がいで、どのくらい理解しているのかわかりませんが、保育園での様子を見ていると、話を聞いている様子や友だちの笑いを感じて一緒に笑ったり、怒られるとしょんぼりしているように感じました。

れいが三歳児のときに、T保育園での発達相談に来園し、二年間デイサービスに母子で通ったあと、五歳児最後の一年は同学年の子たちと一緒に過ごしたいという保護者の思いもあり、職員会議で何度か議論して、入園が決まりました。四、五月は週三日、母子で登園することからはじめたので、お母さんと一緒に楽しいことは何かを探っていくと、散歩や朝の会、食べることなど、好きなことが見えてきて、れいにとっても保育園が楽しい場所となっていきました。六月からは母親と少しずつ離れて生活するようになり、八月からは週四日と、徐々に保育園にいる時間を長くしていきました。
担任の私は、主にれいとかかわり、ご飯（胃ろうと同じもの）を食べさせたり、おむつを替えたり、バギーを押したりしていました。最初は自分が医療的ケアができないことがもどかしかったのですが、医師に指導してもらい、家庭に同意書をとって、八月より看護師がいないときに胃ろうからの水分・栄養補給を介助するようになり、研修を受けて十二月からは吸引も行うようになりました。活動のやり方にはとくに悩みましたが、一緒にやること、れい自身のやれることは何か、やった実感をつくるためにはどうしたらよいかと、いろいろと試行錯誤しながら保育してきました。

1 同じグループで仲よくなる（四・五月）——好きな友だちができる

子どもたちとれいとの出会い

部屋の子どもたちとれいとの最初の出会いは、次のようでした。

子どもたちにとって、れいについている器械や唾液を吸う管、胃ろうなど不思議なことがいっぱいです。中には敬遠している子もいます。ちょっとれいがさわりそうになると、思いっきりよけようとする姿もあり、そんなふうにしなくてもと思いながらも、それも当たり前の姿なのかなと思いました。大人だったらそんなことはしないけど、子どもたちにしてみると、はじめてふれるその光景にびっくりしたのだと思います。

しかし、四歳のしょうだけは、何の抵抗もなく接してきて、「れいと一緒のグループになりたい」と言っていました。そして、ほっぺたをさわったり、病気で休むと「れい、元気かな、お手紙書こうかな」と言って、手紙を何通も書いたりしていました。れいもそんなしょうが大好きになり、大好きな友だち一号!!になっていきました。

五月末にキャンプに向けて新しいグループになったとき、この関係を大切にしたかったのと、しょうがれいを選んでくれたのもあり、再び同じグループになりました。しかし、今までしょうが何をやってもうれしそうにしていたのに、顔を近づけたりさわったりとれいの思いを無視したかかわりに、れいもイヤーな顔になることが増えてきました。そのつど、しょうに「今、れいちゃんどんな顔している?」と伝えてきました。そうすると、じっと顔を見て考えていました。

れいを受け入れるにあたって、やってもらうばかりの受け身での生活やできることだけの参加ではなく、れいにとってどうしたら一緒に楽しめるのか、そしてまわりの子どもも楽しめるやり方は何かを探ろうとしました。散歩は、保育者がバギーを押して、同じグループの友だちが片方の手をつないで行きました。朝の会や食事のときは、視線がみんなと同じ高さになり、うれしそうでした。実際に保育していると、子どもたちがかかわる中で最初はかたかった表情がどんどん豊かになり、れいの成長を感じ、重度だから障がい者だからではなく、どの子も一緒だなと思いました。

しかし、最初は母子通園だったこともあり、子どもたちのれいについての疑問は、れいを通り越して、お母さんに聞いて、お母さんがすべてれいの思いを代弁して子どもたちと会話している状態だったので、〝これでいいのだろうか？〟と思いながら保育していました。そして、活動においては、れい自身がきちんと選びとって、より主体的に参加していることが感じられるようになるにはどうしたらいいのかを、子どもたちと一緒に考えるようになりました。

2 れいが楽しめることをみんなで考える（六〜八月）

れいがお母さんと少しずつ離れて生活するようになると、部屋で遊んでいても、子どもたちが「れいはこれが好きなの？」と担任に聞くことが多くなってきました。はじめのうちは答えていましたが、子どもたちが自分でれいの気持ちを考えられるようになったらよいと思い、「私に聞くのではなく、自分でれいちゃんに聞いてみて」と働きかけていきました。そうすることで、「今笑ったね」と自分自身で感じることが多く、笑えば、また同じことをしたり、嫌な顔をすれば、やめてみたり、次はどうしていこうか、と子ども自身が考えるきっかけになっていきました。

キャンプのグループごとの企画決めや食事についても、絵を見せてどちらがいいか聞いたり、誰とやりたいかれいに聞いて指さしで意思表示してもらい、自ら選んで参加できるようにしました。そのころ、さりげなく接してくれたのが、同じグループにいた四歳のゆうです。気持ちを考えて接してくれるゆうに、れいはうれしそうで、ゆうのほうに自分から手を出す姿がありました。

七月ごろになると、さくらの生活に慣れた三歳児が、どんどんれいにかかわるようになりました。そして、何の偏見もなくかかわっていく三歳児を見て、四・五歳も素直にかかわっていく姿が増えていったように感じます。

れいが楽しんでいた姿を共有しみんなで考える——プール活動

六月下旬から、プールがはじまりました。はじめはお母さんに見に来てもらい、どう入ったらいいか、どのルートを通ってプールまで行ったら安全かなどを確認しました。プールでは、れいが楽しめるように、基本的にはプラ舟の中で、家から持ってきてもらったお風呂用のいすに座って水遊びを楽しみました。

プラ舟にいると、子どもたちから水をかけられてビクッとしては笑ったり、おもちゃをもらったりと楽しむ姿がありました。大きいプールに入るときは、れいが安定して入れるように、呼吸器を外して、男性保育者の高田担任に抱っこで入れてもらうことにしました。膝に座ると気持ちよさそうにしている姿がありました。

八月末のカッパ祭り（プール閉めの発表会）では、れいが何を楽しんでいるか、何を披露できるか、保育者が決めるのではなく、子どもたちに問いかけてみました。れいのできる泳ぎは何泳ぎか、同じグループの子が中心に考えてくれ、お部屋のみんなにも何に見えるのか聞いて「ラッコクラゲ泳ぎ」（浮いているのを保育者がゴールまで押していく）を披露しました。

れいだけではなく、どの子も、自分の好きな泳ぎ方に命名して多様な泳ぎ方を隣の部屋の幼児にも披露する「カッパ祭り」です。一つの基準で「できる」「できない」を見るのではなく、多様性・創造性を大事にし、お互いに見合いっこしながら共感し、楽しみました。

3 みんなと一緒に参加し、相互のかかわりが増えてくる（九〜十二月）

みんなと一緒に参加でき、やった実感をもてる活動を探る――運動会

五歳児は六月に竹馬を「伝授」され、まず一本の竹馬に乗ってみるのですが、れいは、竹馬体操に合わせて、（担任の支えで）一本の竹馬を上下に動かすとニヤリとうれしそうで、バギーに乗ったまま、一生懸命竹馬を持っていたのが印象的でした。

運動会の取り組みについては、「竹馬を持っているのが楽しそうだったれいちゃんの姿は見せたいね」と担任同士で話し合ってきました。そして、れいのできることを披露したいという思いもあり、転がってゴールまで行こうということになりました。れいは、みんなの練習している姿をじっと見つめたり、笑顔

を振りまいて応援しているかのようでした。運動会当日は、五歳児が竹馬に乗って進んでいる中で、一枚のマットを敷いて、その上を呼吸器を外したれいが転がっていき、三、四歳児数人がゴールで迎えてくれました。

仲間が待つゴールを目指して
マットの上を転がっていく

友だちと一緒にバギーで
疾走するれいのかけっこ

参加してこそ
勝っても負けても
楽しい綱引き

かけっこは、好きな友だちと好きな距離だけゴールまで走るのですが、れいには保育者も補助しつつ、子どもがバギーを押したり伴走したりすることになりました。はじめは加減がわからず、速く動くバギーにれいはこわばっていましたが、慣れてくるとそれも楽しむ姿がありました。綱引きでは、一緒にひっぱると危ないということもあり、うしろでちょっとひもを持っていましたが、れいにとってはそれでも一緒に参加している感がいっぱいだったようで、勝っても負けてもうれしそうでした。

このような活動を経験する中で、はじめはまわりからのアプローチだったのですが、れい自身が好きな子を選んで（指さして）バギーを押してもらったり、みんなでれいのことを考えたりしながら、「個人的な仲よし」の関係から、「部屋の仲間」になっていきました。

クラスの仲間の一人となり、友だちを求めるれい

行事に向けた取り組みの中でも、子どもたちの中でれいを仲間の一人だと認識したのだと思ったのが、次の場面です。このころから、担任との関係はもちろん、子ども同士のかかわりが増え、そして、れい自身も友だちを求めていく姿が増えていきました。

運動会に向けて部屋対抗で綱引きを楽しんでいましたが、さくらの部屋はずっと負けていました。九月中旬に、久しぶりに勝った日のことです。「やったー」と喜ぶ子どもたち。一番にれいのところに駆け寄っ

て「やったね、れい」と声をかけたのが、今までそんなにかかわってこなかった五歳児のようすけでした。そしてすぐ、同じグループだったななみも「やったね」と手を持って上下に振ります。するとれいもニターとうれしそうでした。

その二、三日後、散歩先の公園で、れいはマットの上でゴロンと横になっていました。その横で、高田担任と子どもたちがオオカミごっこをしています。そのとき、私がいくら呼んでも、れいは動こうとしません（いつもなら、声に反応してマット上で動く）。子どもたちの声が遠くになると、やっと動きはじめました。ちょうどそのとき、また子どもたちが走ってくると、れいは止まってその様子を見ていました。私が、れいをブランコに乗せてみようとすると、足をピンと伸ばして、〝今はこれじゃない！〟と言わんばかり。ブランコよりも友だちの遊ぶ声のほうが気になっているようでした。今までは、友だちというよりも自分の好きなことを楽しんでいることが多かったのですが、このときは違って、友だちの楽しそうな声にじっと耳を傾けていました。

このころから次第に、れいは、散歩先ではバギーから降りても、転がって移動しなくなりました。はじめのころは体調でも悪いのかな、と思っていましたが、「転がることが楽しくないのではないか」と同僚に言われました。そう考えると、思い当たる点がいくつかありました。れいはバギーから降りると、耳を澄ましているような顔をしたり、子どもたちが動くのを目で追っていたりする姿が多かったように思います。転がることよりも、ここにいることが楽しい、友だちと一緒というのを感じていたのかもしれません。担任がれいと一緒に箱からひもをひっぱり出す遊びなどをしていると、何も言わなくてもまわりの子が入ってくることもよく出てきました。また、「色鬼」や「おいかけっこ」「じゃんけん列車」や「開戦ドン」などにも、れいのバギーを子どもたちが押して一緒に参加して楽しむようになりました。

れい自身の積極的な意思表示とまわりの子どもたちの理解

同じグループになると、れいのことをより具体的に身近に感じることができます。れいが何を考えているのか、仲間の一人としてグループでどうしていったらいいのかを考えることが多くなっていきました。れい自身も大きく変わってきました。はじめのころは、人に対してや物事に対して受け身で、おもちゃを出してもあまり興味をもたなかったのですが、自分からかかわっていったり、やろうとしたりすることが増えてきました。給食も、ごはん、お汁、主菜をれいに味見してもらったあとにどちらを食べるか聞くと、自分自身で意思表示して選んで食べようとすることが多くなってきました。れいも同じグループのテーブルの横で食べていて、友だちと一緒なのもあってか、口から食べる量も増えていきました。子どもたちも「今日はこれ好きって言うかな?」とれいの食事に関心をもっていました。

れいの意思表示を尊重する――保育者との安心できる関係の広がり

保育者との関係においても、れいは自ら大人を求めるような姿が見られるようになっていきました。

年度の後半になり、れいは、自分で気管から呼吸器につながっている管を手で抜いて外すことがよくありました。はじめは「またとってー」と入れ直し、れいにも「とらないでよ～」と声をかけると、ニターと笑うことが多かったです。水がたまったり、たんがからまったりしたとき以外でも外す場面が見られました。看護師が朝、れいが呼吸器を外すのを見て「おはようってことなんじゃない？」と言ってくれました。そのときは、ピンとこずに〝そうなのかな～〟程度だったのですが、毎朝のように呼吸器を外しています。そして、隣にいつもの大人がいなくなると、「ピーピー」と呼吸器が外れたことを知らせる音が聞こえてきます。〝さみしいからこっちに来てよ〟〝自分を見てほしい〟というアピールのように感じました。

十二月のクリスマスお楽しみ会で、担任が前に出るためにれいの横を離れないといけないことがあったとき、行く前に「私は今から出番があるから、高田さんと見ててね」と声をかけると、高田担任のほうをじっと見て、隣にいたまみがつないでくれようとした手も振り払うようにして、高田担任と手をつないでいました。今まで自分から高田担任を求めることはなかったのですが、このときは会場がいつもと違ってこわかったのもあったかもしれませんが、れいの近くに隣の部屋の木村保育士（仮名）がいて、高田担任がギターまた、五歳児のわらべ歌の日、れいの近くに隣の部屋の木村保育士（仮名）がいて、高田担任がギターを弾いていました。その間、何回か呼吸器と唾液のチューブを外していて、そのたびに木村保育士が入れてくれていたのですが、そんなのおかまいなしで外していました。高田担任がギターを弾き終わってれいの近くに行き、唾液チューブを入れ手をつなぐと、外すことなく安心した表情になりました。しかし、その後しばらくしたある日、私も参加していた五歳児の会議のとき、れいは隣に座っている木村保育士に自ら手を伸ばして、ちょっとリラックスしている表情でした。

れいにとって安心できる大人が少しずつ広がっていき、保育園が安心できる場所になっていっていると感じました。

4 対等な関係に向けて（一～三月）

さくらの部屋の大きな活動として、異年齢での劇づくりがあります。劇づくりで大切にしたかったことは、お客さんとして出るのではなく、れい自身がやったと感じられる取り組みにしたい、それをまわりの子たちにも感じてほしいということです。あえて大人が声をかけすぎないようにしましたが、一番難しかったのは、「れい自身のやったと思える実感づくり」でした。どんな役がいいか考え合っていて浮かんだのが、クリスマス音楽会でトライアングルを鳴らしたときのことでした。自分の持った（担任と一緒に持っていた）棒でたたいたときに音が出ると、今までにないくらい、いい顔をしていたのです。

れい自身が〝やった〟と実感できる劇遊びを一緒につくる――安心できる友だちと

五歳児の劇会議では、れいはボヤーンとしていることが多かったのですが、子どもたちに「どう？」と意見を求められるとうれしそうにしていました。しかし、一月に「ブレーメンの音楽隊」の劇をすることになり、高田担任が実演してみせても、心ここにあらず、というように、眠そうな表情をしていました。そこで、劇をやるというのをわかってもらうより、れいの楽しいところはどこなのか探しがはじまりました。

一回目の劇遊び（五・四歳児のみ）では、子どもたちは、自分のやりたい役を選んでやってみました。子どもたちに「れいが何の役がいいのか、わからないから、一番楽しそうにしているところを見ててね」と声をかけました。すると、担任が何か言う前にきえ（五歳）やしょう（四歳）が「今笑ったよ」と見ていてくれました。れいは、くり返しの歌や泥棒が走るところを楽しそうに見ていました。

二回目の劇遊びでは、「れいは何役がいいかなあ」と担任が聞くと、楽しそうに見ていた泥棒役がよいのではないかという意見が出て、実際にやってみると、セリフを言う場面ではただいるだけになってしまい、走って逃げるところもバギーなのでぎこちなくなります。そして、本人もつまらないのか、何度か呼吸器を外していました。

次の日、五歳児の役決めをしました。この日は遅い登園でれいのいないところでの話し合い。ななみから「れいはしゃべれないから、セリフのある役は難しいと思う。（クリスマス音楽会を思い出したようで）役（ナレーション的役）で音を鳴らしたらいいんじゃない？」という意見が出て、ふくろう役に決まりました。

役決めのところでは、れいの意思は？と思ってしまったけど、役選びの楽しさよりも、れいにとってはふくろう役の中で、楽しめる方法を考えていったほうがいいのかなと思いました。れいがふくろうになったことで、動物役をやろうと思っていたゆう（四歳）がふくろう役を選んだり、ずっと泥棒役を選んでいたけんた（三歳）が最後に「れいと一緒がいい」と言ってふくろう役になる姿がありました。

役が決まってからは、「れいのやった実感」をどうやってつくるのか、セリフ的なもの——れいが自分で手を動かして、さわって音の出るもの——は何なのか考えました。はじめのころは、さわると音の出る風鈴でやっていたのですが、下についているイルカをさわって楽しんでいる感じがしました。楽しんでいることを大事にしつつ、劇の中でのれいの役割をはっきりさせるにはどうしたらいいのか考え、バギーにつけて自分でさわ

ると音がよりはっきり出るツリーチャイムにしました。すると、今まで以上にやる気を出しているように見え、出番前から自ら手を出して鳴らしたりする姿がありました。担任はうしろにいたので顔が見えなかったのですが、「出番で出るたびうれしそうだったよ」「やる気があったね」「自分から手を出していたね」という声を聞いて、受動的ではない能動的な活動になったかなと感じました。そして、まわりの子にとっても、れいの役割は楽器を鳴らすことだとわかっているので、音を鳴らすまで待ってくれたりしました。一番最後の歌では、れいが喜ぶことを知って、隣で手をつなぐゆう、けんたが思いっきり手を動かしてくれ、大喜びでした。

大好きなゆうや同じグループのけんたが一緒にいたことで、れいは安心して劇を楽しんでいたように感じました。同時に、この二人にとっても、れいがいることで緊張が緩和され支えになっていたように思います。

子どもたちでれいの意思表示を考え合う

十月ごろから、「じゃんけん列車」や「開戦ドン」にれいも一緒に参加して、じゃんけんをしてきました。れいの手の動きをまわりの子どもたちが見て、グー、チョキ、パーを判断します。次第にれいの手の表現がみんなにわかるようになってきました。「じゃんけん列車」では、れいに勝った子がバギーに乗ったれいの片足を持って前につながって進みます。一月中旬には、次のようなことがありました。

公園でじゃんけん列車をしたときは、じゃんけんはあまりやりたくなさそうな四歳児のえみことゆうがれいのバギーを押しに来てくれました。そしてほかの子がじゃんけんをしに来ると、れいの手を持って、じゃんけんさせようとしていました。担任の私が「ゆっくりだけど、れいは自分で手をあげられるから見ててね」と伝えると、見守るように見ていてくれる二人。

そこへ五歳のななみが「れい、じゃんけんしよう」とやってきました。すると、ゆっくりながらもじゃんけんしようとするれい。先にななみが出し、あとから出す形になってしまうのですが、れいが勝ったように見えました。するとななみが「れいが何を出しているのかわからない」と言います（ななみはチョキだった）。担任（私）が「私にはグーに見えるんだけどな」と言うと、「でも、わからないもん」と言うので、「じゃあ、もう一回する？」と聞くと「うん」。二回目、えみこが「あーれいの勝ちだ」と言うと、「それは違う」とななみ。そんなやりとりをしていると、まわりに子どもが集まってきてみんながれいが出すのを見てくれました。三回目、またれいの勝ちで、まわりのみんなに「れいの勝ちだー」と言われ、ななみも納得はい

かない顔をしつつもうしろにつきました。

十月には「れいのじゃんけん、わかるよ」と言っていたななみ。本当はれいが何を出しているのかわかっていたけど、自分が負けてしまうので、わざと「わからん」と言ったようです。ななみの考えるものでよかったのかなと思ったのですが、まわりの子が一緒にれいのことを考えてくれたことに驚いたと同時に、集団の中にちゃんと入っているんだと思いました。また、負けたくなくて強がるななみの姿に、れいにやってあげる関係ではなく対等の意識が育っていることを感じました。

れいが選びとる姿

このころ、日々の生活でも、れいなりに意思表示をしたり、選びとる姿を感じることが多くなってきました。

二月、劇の描画の日、れいはサインペンを持って描くのは難しく、五歳児は絵の具を使うので、キャンプの絵のときのように直接絵の具で描くようにしてみました。そのとき、「れいの衣装の色は何色だった?」と、ピンクと黄色の絵の具を見せると、黄色のほうに手を持ってきました。左右を変えても黄色を指します。その後、ななみの衣装の色も当てていました。「これで、ふくろうの絵を描こうか」と声をかけると、ニンマリ。今回はれいの体勢が安定するように、バギーに乗ったまま、大人用の机を持ってくると、紙の上に絵の具のついた手を動かして描きました。

しかし、私はここで欲が出てしまい、二枚目の紙にクレヨンで絵を描くように促してみました。今までもクレヨンで絵を描くことはできていたのですが、何回クレヨンをわたしても、担任のいない側に落としてしまいます。「れいちゃん！ クレヨンは落とさないでよ!!」と言うと、ヘラーと笑っています。それを何回もくり返していたので、ちょっと真剣に怒ってみると、泣きそうな顔。でもこのときふと、〝もしかして、れいは絵の具で描く気だったのに、クレヨンをわたされたことが嫌だったのではないか〟と思って、「私が絵の具をしようって言ったのに、クレヨンをわたしたのが嫌だったの？」と聞くと「フンフン」と涙目になりながら、答えてくれました。「ごめんね、それ私が悪かったわ」と言うとにっこり。

きっと、れいにもつもりがあったのだと思います。それを踏みにじってしまったことは悪かったなと思いつつ、ちゃんとそういう意思表示もできるのだなと改めて感じた瞬間でした。どの子にもいえることかもしれませんが、気持ちの出し方は人それぞれで、そのサインに気づいてあげられることが大切なことだと改めて思いました。どんな子でも、サインを出していると思うし、行動の裏には、きっと何か意味があるのだと思います。

友だちが一緒でなければ楽しくない

十月ごろかられいの好きな、箱からひもをひっぱり出す遊びに、三歳児が一緒に入って楽しむ姿がよく見られました。二月には、次のような姿がありました。

れいも参加した五歳児だけの会議のあとで、部屋では五歳児の女の子が、UNOやぬり絵をしていました。そこにれい用のひもをひっぱり出す箱を出すとうれしそうな顔でひっぱりはじめました。一回はすべてひっぱるものの、二回目は担任がひもを入れても知らん顔で、やろうともしません。ひも自体はひっぱるのは好きだけど、一緒に楽しむ友だちがいなくて楽しめなかったのだと思いました。ただ、好きなことをするだけでは、楽しくないのだと改めて感じました。

れいは、この一年で生活する意欲も変わってきたように思います。家庭からのノートに「保育園をすごく楽しんでいる。帰るときにさびしそうな顔をしている。親としてはうれしいけど、ちょっと複雑（笑）」と書かれており、保育園がれいにとって、楽しい場所になったということをうれしく思いました。

れいの成長はもちろんですが、はじめはどうつきあえばいいのかわからず、手をかけることもできなかった五歳児は、れい自身がどう力を発揮すればいいか考えるようになりました。無邪気すぎて乱暴に接していた三歳児は、れいの流動食を味見して、「これは好きだと思うよ」と声をかけてくれるようになりました。れいとの生活を通して、まわりの子どもたちも人とのかかわりを学ぶことができたと思います。

5 医療的ケア児とつくり出すインクルーシブ保育——実践を聴きとって

山本理絵

最初から楽しさを共有する部屋の仲間の一員として迎える

本実践では、保育者とれいの関係を基盤とした数人の子どもとの関係から、小グループの活動やクラス（部屋）全体での共同活動を通して仲間意識を共有し、れいからまわりの子へ働きかけるようになったり、まわりの子どもたちがれいの遊びに入ってきたりするように、相互関係が広がっていっています。

担任の西岡保育士は、れいが同じ部屋にいればよいというのではなく、れいが好きなこと、楽しめることを探りながら、クラスのすべての活動にれいもみんなも楽しめる方法で参加していくこと、れいと友だちのかかわりを広げること、れい自身のやりたい気持ちを広げ、主体的に活動に参加していくことを大事に働きかけています。その際に、いかにれいの意思表示を見逃さず、読みとり、その意思を尊重していくかということに留意していることがわかります。

西岡保育士は、「れいちゃんにとっての楽しさとは、楽しいと思える活動や自分自身で選びとることであり、また人として生きいきと生活するために、『友だち』の存在が大きいし、友だちがいること、いないことで楽しさも変わっていくのだなと思います」と述べています。意思表示が難しい子どもであっても、集団の一員として意思を確認し、指さしてもらうなどの方法で自分で選びとることを大事にしていました。そして、表情やちょっとした動作を「意見表明」としてとらえ、その意味することを、保育者同士や子どもたちと一緒に考えていることに、学ばされます。れいは、自分の意思を読みとってかかわってくれる集団に安心感をもって、心を開いていっていると考えられます。家庭だけにいてはふくらまなかったかもしれない要求や意欲も、集団保育の中でさまざまな刺激をもらって、その意思表示方法も含め広がり高まっていったといえます。そこには、れいの意思を読みとろうとするまわりの姿勢と、本人との相互作用があります。そして、れいだけではなく、クラスの子どもたち全員の意思表示・意見表明を大事にするクラス集団であったに違いありません。

周囲の子どもたちの変化と育ち合い

本実践は、三～五歳児の異年齢編成のクラスであり、年齢の幅を考慮して、生活の流れをゆったりと柔軟にしていることで、障がい児や医療的ケア児も緊張せずに集団の中にいることができます。運動会や劇づくりなどの行事へ向けた活動も、子どもたちの要求やアイデアにもとづいて異年齢で取り組むことによって、柔軟なやり方、多様な参加の仕方が保障されています。そして、クラスの中に小グループをつくって、一定期間同じメンバーで食事や制作などをともにしたりすることで、お互いの特徴や性格を知り合い、かかわり合いが密になっていきます。好きな友だちや気の合う子どもを考慮してグループ編成されてはいますが、グループや共同の活動がなければ、自分とは違う存在として、かかわり合う機会がなかった子どももいたかもしれません。

医療的ケア児のまわりの子どもたちへ与える影響は大きく、まわりの子どもたちが変わっていっているのがわかります。違いを特別視するのではなく、自然と違いを受け入れ、かかわり方を学んでいっていいます。最初は五歳児よりも三、四歳児のほうが、れいに対して自然にかかわることができ、その関係が次第に五歳児にも広がっていくというのも、異年齢クラスの特徴でしょう。異年齢で活動に取り組むことによって、四、五歳児が三歳児に支えられるということはよく見られますが、同様に、障がいがある子どもや医療的ケアが必要な子どもが、まわりに支えてもらうという一方的な関係ではなく、相互に支えられていることも、実践からは見てとれます。そして、じゃんけんで負けたことを認めたくない五歳児は、れいと対等の意識をもっているともいえます。障がいなどの有無にかかわらず、お互いに理解しようとし、対等の立場でどうやったら集団みんなが楽しめるか考えるようになっていく、このような実践がインクルーシブ保育といえるのではないでしょうか。

求められる多職種の協働体制と公的サポートの充実

最後に、園における協力体制についてふれておきたいと思います。れいを主に担当する保育者一人だけが悪戦苦闘するのではなく、同じクラスや幼児の担任、園長、主任、看護師、栄養士など、多くの職員が一緒に見ていてくれて一緒に考えてくれる、そのような関係性があったからこそ、子どもたちの見方を豊かにし、楽しく実践することができたのだと考えられます。とりわけ、医療的視点をしっかりもった看護師から伝えられる子どものとらえ方は貴重で、保育者が安心できるものとなっています。そして、子どもたちとも一緒に考え、子どもたちに相談する保育者の姿勢が、子どもたちを主体的にし、集団を発展させているといえます。もちろん、保護者の思いを十分聴いてどうしたらよいか教えてもらう、家庭との信頼関係・協力関係も前提にあります。

医療的ケアには、多種多様な病気や障がいのケアがあり、本実践が医療的ケア児にかかわる実践を代表しているわけではないことをお断りしておきます。二〇二一年には「医療的ケア児及びその家族に対する支援に関する法律」が施行され、自治体は医療的ケア児に対して保育を行う体制の拡充が図られるよう、保育所等に対する支援その他の必要な措置を講ずることが求められています。医療的ケア児の保育においては、看護師の配置が求められ、国・市町村からの補助も制度化されるようになってきましたが、本事例は医療的ケア児支援法が施行される前の実践であり、職員の理解と熱意、保護者との強い信頼関係の上に成り立っているといえます。今後は全国的にさらに医療的ケア児の支援体制が整い、実践が充実していくことが望まれます。

実践者からの応答

れいちゃんが五歳児になり、ご両親から、同世代の子どもたちとたくさんかかわらせたい、楽しさを味わわせたいという思いから保育園への入園希望の相談がありました。そのときにお父さんから「二四時間介護が必要なれい。自分は毎日仕事に出かけるが、母はずっとれいにつきそっている。自分が休みの日は代わってあげることもできるが、兄・姉もいて難しい。母に少しでも自分の時間をつくってあげたい」という話がありました。呼吸器をつけていてたんの吸引など日常的に援助が必要なこともあり、身体介護や家事援助など八ヵ所（P保育園含む）の訪問介護・看護を利用していましたが、それでも家族の、とりわけお母さんの状況を聞き、保育園として少しでも支えていきたいと考えました。

一方で医療的ケア児の受け入れは課題も多く、職員会議で何度も話し合いをしました。保育士、看護師、栄養士で連携し、保育園全体で支えること、他機関とも連携して保育を行うこと、医療的ケアや緊急時の対応については医療機関（主治医など）と連絡をとり体制をつくっていくことで、れいちゃんの受け入れを職員みんなで決めていきました。

制度がない中での受け入れは困難なこともありましたが、職員みんなの奮闘、子どもたちの姿、ご両親とのかかわりの中で保育園としてたくさんの学びがありました。制度を整えるだけではなく、障害があってもなくても、一人ひとりの違いが認められ、大切にされる社会になることを願ってやみません。

P保育園園長　加藤雅美

スウェーデンと韓国における カリキュラムの動向と実践

山本理絵

諸外国では、どのようにインクルーシブ保育が行われているのでしょうか。スウェーデンは、国連子どもの権利条約の成立に貢献しその理念にもとづき、民主主義と平等の価値観、相互理解と共感、思いやり、人間の意見や暮らし方の違い・多様性を受け止め尊重することなどを重視し、インクルーシブ保育を実践してきました。また、日本と類似した保育・幼児教育制度をもつ韓国は、国連の障害者権利条約が発効した二〇〇八年にいち早くこの条約を批准し、障がい児保育・教育を無償化しインクルーシブ保育に挑んでいます。スウェーデンは早くから移民・難民を受け入れてきましたが、韓国も近年、在留外国人が増加し、両国とも多様性を受け入れる社会になっています。スウェーデンと韓国のインクルーシブ保育の考え方や方法について紹介し、そこから学ぶべき点を考えてみたいと思います。

1　スウェーデンにおける「子どもの権利」を大切にするインクルーシブ保育

権利としての保育・教育、特別な支援

スウェーデンにおいては、障がいのある子どもだけではなく、紛争地帯（戦地）のトラウマをもつ子どもたち、家族が心理的問題を抱えている家庭の子どもたち、糖尿病などの病気や深刻なアレルギー、喘息などをもつ子どもたちは、ニーズに応じて無料で支援を受けことができる「特別な権利をもつ子どもたち」ととらえられ、就学前学校（一～五歳）は、このようなより多くの特別な支援を必要とする子どもたちに、とくに注意を払わなければならないとされています。地域によっては、移民の子どもたちがたくさんいる就学前学校もあり、スウェーデン語を教えると同時に母語を大事にして、保育者がその子の母語を使ったり母語の教師が巡回したりしています。多様な宗教、文化、人種、思想をもった子どもたちが就学前学校における保育・教育を受ける権利があるのです。

糖尿病や障がいのある子どもがいる場合は、保育者が加配され、コミューン（地方自治体）から看護師などが保育者に医療的ケアの実技的な指導をしに来たり、特別支援教育専門家（special pedagog）のチームが巡回したり助言・援助したりしています（保育士資格がない人が加配されること

もあるのですが、注射などは正規の資格のある保育者が担当しています)。障がいのある幼児については、そのような子どものための特別の学校（保育施設）もありますが、ほとんどの子どもたちにとっては、通常の就学前学校で教育・保育を受けるのが最も望ましいと考えられています。「特別な権利をもつ」子どもにとっては、ほかの子どもたちはロール・モデルにもなり、お互いにとって一緒にいることが重要だととらえられているのです。

「特別な権利をもつ子ども」のとらえ方としては、大人が障がいなどがある子どもを有能で魅力的な子どもと見なして接するなら、子どもたち同士も同じように見るし、どんな子どもでも、自分の思い、アイデア、気持ちをほかの人と共有し、他者と関係を結びたいと思っていると考えられています。教師（保育者）の役割は、子ども自身が自分の言葉で、そして自分の状況にもとづいて他者との関係をつくる機会を子どもに提供することです。そして、教師（保育者）は、特別な権利をもつすべての子どもたちにとって、自分を知り、その人格が尊重されるような、安全な社会環境をつくることを重視し、子どもの強みにもとづいて、徐々に挑戦できることを見つけていくようにします。

スウェーデンの就学前学校は、三歳未満と以上とに分かれた異年齢のクラス編成が行われている場合が多く、私が見学した就学前学校では、異年齢の幼児グループに五歳児の自閉症児が一緒に生活していました。標準より一人多い保育者（准保育士）が配置されており、保護者と話し合って個別の活動計画を立て、週三回自由遊びの時間の一部を使って、担任（就学前学校教師）と個別の活動を行っていました。絵カードを見せて動物の名前を言ったり絵を説明したり、積み木を教師と交互に積んで順番を理解できるようにしたりしており、その状況についてのレポートを、一週間に一回は親にウェブ上で提出していました。月一回、大学院を修了した特別支援教育専門家が巡回して教師の相談を受け、指を使ったコミュニケーションの仕方や、使用するとよい教材などを紹介したり準備したりしてくれます。個別活動の時間以外は、その障がい児はクラスの子どもたちと自然に遊んでいました。

ほかの就学前学校では、教師が片足が麻痺して動かなかった子どものマッサージや筋力のトレーニングを毎日、クラスの同じ部屋でその子がブロック遊びなどをしている中で行っていました。クラスの子どもたちはそのトレーニングの様子を見ることができる距離におり、自然にそのことを受け入れ、三年後に一緒に走りまわれるようになったことを喜んでいます。また、「特別な権利をもつ」子どもたちは、少人数での遊びのほうが落ち着くことがあるので、クラスの子どもたちは部屋、園庭、森に分かれてそれぞれに保育者がついて遊んだり、どのコーナーで遊びたいか選んでもらい、三、四人の少人数で遊んだりしています。子どもが不安定になったときに気持ちを落ち着かせるためのセーフプレイスのコーナーがあったり、自閉症スペクトラム障がいの子どもが安全基地としての毛布にくるまっていることを許容したりもしています。このように、個別の活動であっても、クラスのほかの子どもたちと分離するのではなく、ほかの子どもたちが遊んでいる中で行ったり、ときには障がいの有無に関係なくクラス全員が小グループに分かれて一緒に過ごしたりしているのです。そして、加配される保育者は障がい児につくとは限らず、重要な個別活動は正規の就学前学校教師が担当しているなど、保育者の協力体制については参考になります。

スウェーデンのペダゴジスタでありアトリエリスタでもあるJane Wendsby氏によれば、就学前学校で、子どもが知っておくべき七つの質問があげられています（表）。

これらのことを子どもが知っていることは権利であり、知っていることによって、安心して活動に参加できるといえます。そのための支援方法として、一週間のカレンダーに、その日の活動がわかるように絵カードを貼っておくことがありますが、子どもが成長すると、友だちと活動を話し合って、子どもが自分で絵カードを選んで貼るようになるそうです。子どもによって違う活動・スケジュールのときは、何人かの子どもごとの一日のスケジュール表があり、貼る絵カードが違っています。

また、七割以上が移民で、六〇ヵ国ものさまざまな母語をもつ子どもたちがいる就学前学校では、教師はキーホルダーにさまざまな遊び活動・教材や生活の絵カードをつけて、子どもにすぐに提示できるように持ち歩いています（**写真1**）。トイレでの行為の順番や、服を着る順番（スウェーデンでは寒くてたくさんの服や防寒着を着るので、脱いだあとどのような順番で着ていくか）の絵も掲示されています。これらは、「特別な権利をもつ」子どもたちだけではなく、すべての子どもたちに有効なものとなっています。子どもたちを保育者の意図通りに動かすためにではなく、子どもたちの不安を取り除き、希望を聴きコミュニケーションをとるために絵カードを活用

表　子どもが知っておくべき七つの質問

① どうしたらいいの？
② どこにいたらいいの？
③ 誰と一緒にいるの？
④ どれくらい待つの？
⑤ これから何が起こるの？
⑥ 何が必要なの？
⑦ なぜそうしなければいけないの？

写真1　キーホルダーにくくられていた絵カード

することが重要です。

また、日常の遊具・教材においても、多様性が重視されており、さまざまな肌や髪の毛、目の色の人形や絵本がそろえられています（写真2）。このような環境構成の配慮からも学ぶことができます。

就学前学校カリキュラムにおける「平等」「参加」の重視

スウェーデンは、子どもの権利条約が国連総会で採択された翌年の一九九〇年六月に条約を批准し、子どもの権利を護るための法制度の整備に取り組んできています。スウェーデンの保育事業は一九九六年に福祉部門から教育部門に移管され、子どもの権利として保育・幼児教育がとらえられました。そして、就学前学校については、一九九八年の学校法の改正によって、教育制度の最初の段階として明確に位置づけられ、その役割の強化が謳われています。二〇一〇年改正の学校法では第一章に、「子どもの最善の利益」がすべての教育およびそのほかの活動の基礎となることが明記されました。

就学前学校カリキュラムは学校法の改正にともなって一九九八年にはじめて制定されましたが、それは義務教育や高等学校のカリキュラムと同等に位置づけられた法的拘束力をもつものであることから、「ナショナルカリキュラム」とも呼ばれています。しかし、スウェーデンの就学前学校カリキュラムには、日本のように領域別に細かなねらい・内容が記されているわけではありません。就学前学

写真2

校の任務や理念、基本的な価値観や、就学前学校が一人ひとりの子どもの発達をどのような方向性で援助していくべきかという目標が示されています。これらの目標は、子どもたちが達成しなければならない目標ではなく、あくまでも保育者が子どもの発達や学びを援助する方向性を示したもので、これらの目標をどのように具体化するかは、就学前学校や保育者に任されています。

二〇一八年に改定された就学前学校カリキュラムでは、第一章の冒頭の部分で「就学前学校で働く誰もが人間の生命の不可侵、個人の自由と尊厳、すべての人々の等しい価値、男女（女児と男児）平等、そして、人々の間の団結の尊重を促進しなければならない」と述べられており、民主主義にとって最も重要なこととして、「平等」が位置づけられています。そして、「子どもは性別、ジェンダーアイデンティティ（自身の性の認識）と性表現、性的指向、民族性、宗教、他の信条、障がい、年齢、子どもまたは養育者を理由に、差別やその他の屈辱的な扱いを受けてはならない」と規定されています。これは、国連の障害者権利条約を批准したことも影響していると思われますが、多様な属性、特性、信条をもつことを前提に、排除せずにありのままの姿を尊重することがインクルーシブととらえられているといえます。ここで、「平等」とは、みんな同じものを与えられ同じことをすることではありません。たとえば、宗教や好み、興味などを配慮せず、みんな同じ食事をすることやみんなで同じ行為をしようということも平等ではないととらえられています。アレルギー除去食や文化的習慣による特別な食事以外にも、ベジタリアン用の食事、グルテンフリーなどの特別な配慮も行われています。

さらに、「目標と指針」の章の中にある「子どもによる影響」という節の内容に、「参加」という概念が加えられ、子どもの意見表明権や参加する権利の保障が強調されました。教師が相手の声に耳を傾け、子ども自身のいろいろな形で表現されるニーズや関心にもとづいて環境構成や計画作成をすることは、子どもが就学前学校での生活に影響を与えることであり、そのような体験が、民主主義とは何かについての理解を促すと考えられています。そして、目標として、自分の状況に影響を及ぼす機会を得ることができるように自分の考えや意見を表現する関心と能力を育てること、自分の行動と就学前学校の環境に責任をもつ能力を育てること、民主主義の原則を理解しそれにしたがって協力し、決定する能力を育てることがあげられています。

二〇二〇年に子どもの権利条約が法制化されたスウェーデンでは、毎日の決まった日課やルールについても、それを子どもに一方的に守らせるのではなく、子どもの反応を見て見直していくことの必要性も指摘され、保育者の葛藤や価値転換の試みのエピソードが紹介されています（クラス一斉に外遊びをさせるか、希望によって室内遊びとに分かれるかなど）。スウェーデンの保育者も日本の保育者と同様に子どもとの関係で悩み、試行錯誤している様子が見てとれます。

教育ドキュメンテーションとプロジェクト（テーマ）活動によるインクルーシブ保育

スウェーデンの就学前学校カリキュラムにおいては、いち早くイタリアのレッジョ・エミリア市から学んだ研究成果が盛り込まれており、教育ドキュメンテーションを活用しています。つまり、ドキュメンテーション（活動の写真・動画、作品、会話のメモなど）を使っての対話・話し合いを通して、保育内容（活動）は子どもたちと保育者が一緒に決めます。このようにして保育計画の作成に子どもたちが参画することが、インクルーシブ保育を成立させる基本ともなっていると考えられます。

保育の過程ではまず、子どもたちをよく観察することが重視されます。スウェーデンの就学前学校では、自由遊びの時間が多く、その時間に子どもたちが何に興味をもって遊んでいるか、一ヵ月間ほどじっくり見て、子どもたちの声に耳を傾けるようにしています。その間に記録をとり、教育ドキュメンテーションを行って、子どもたちとプロジェクト活動のテーマを決めていっています。テーマが決まったあとも、保育者はそれについて子どもたちが知っていることや思っていることを聴きとっていくことを大事にしています。教育ドキュメンテーションは保育者にとっては、子どもたちの興味や意図、発達的意味をより深く理解し、とくに子どもの強みを見つけ、それをいかした活動へと導くことにつながります。また、記録されたものを子どもたちが見ることや、自分たちが記録されていることを認識することによって、子どもは自分が大人から関心をもって見守られていることを感じたり、お互いの成長を感じとったりすることができ、自己イメージや友だちのイメージをよりよいものに変え、自尊感情を高めることにもつながります。

保育者は、子どもの興味があることをただ聴いているだけではありません。記録（ドキュメンテーション）を子どもに見せて、ふり返って考える話し合いなどの機会を設定することが重要です。そのことによって、子どもたちは情報を共有したり、別の視点に気づいたり、子どもたちから次の活動への要求や課題が出てきます。まだあまり興味をもっていない子どもも興味がもてるように、また、より疑問をもって考えられるように、子どもの声を逃さずに、写真や動画を見せたり、体感させたり、学びが深まるように活動を準備して提案したりもします。日本では、保護者に見せるためや実践過程の保育者による評価にドキュメンテーションが使われる傾向があり、まだまだ子どもたち自身がドキュメンテーションを見てふり返る機会を設けることが少ないと思われます。子ども同士が意見を出しやすくし、友だちの意見をしっかり聴くためには、小グループを活用することも効果的です。ドキュメンテーションにもとづく保育者同士の省察・討論によっても、保育者自身が成長できますが、その時間的保障や工夫については、日本においては今後の課題でしょう。

小学校に移行する際の子どもの関与

スウェーデンでは、基礎学校（六歳児の就学前クラスが、二〇一八年から義務教育化された）に移行する際の引き継ぎシステムが確立されています。日本でも、特別な支援を必要とする子どもについては、保護者が保育者と一緒に引き継ぎシート（個人ファイルやリレーシートと呼ばれることもある）を作成し、保護者が小学校に持っていくと、学校から教員が保育園などに子どもの様子を見に来て保育者にくわしい話を聞くようなシステムになっている自治体もありますが、まだ一般化し充実しているとはいえません。シートを作成するのも、教育委員会や学校に就学相談をしに行くのも、保護者に任されていることが多く、保護者が自ら積極的に動かなければならないことが多いようです。しかし、スウェーデンでは、就学前学校の教師が身近な相談相手となり、学校への引き継ぎを仲介しています。

情報の引き継ぎの際に保護者は同意書を書くことによって学校で子どもの状況に応じた配慮をして

もらえ、必要な書類も取り寄せて引き継いでもらえるので、負担は少なくなるといえます。また、日本の場合、通常の学校の中に特別支援学級があり、就学先を通常学級にするのか特別支援学級にするのか悩まされますが、スウェーデンの場合、特別支援学級はないので、保護者の迷いは少ないといえます。また、特別支援学校に相当する学校はあるものの、視覚障がいと肢体不自由の子どもの多くは通常の学校へ通っているようです。

子どもがどの学校に就学するかの判定に関しては、各学校長の責任のもと、就学前学校の教師も含んだ専門家をメンバーとした検討会が開かれますが、そこには当事者である子どもとその保護者の参加が求められます。通常の基礎学校でも、「学習に支援を必要とする」子どもに対し、特別な支援を提供するプログラムが策定されますが、その際子どもと保護者が参加する機会が与えられなければならないとされ、当事者の「決定過程への参加」が強調されています。

また、引き継ぎ書は、特別な支援が必要ではない子どもたちすべてについても、子どもたちの意見を聴いて肯定的な面に視点をあててつくられ、子どもの心配事も記載されて学校に送られます。小学校（基礎学校）への訪問もそれぞれ保護者と一緒に数回体験しますので、子どもたちは安心して入学することができると思われます。ここでも、子どもの意見が就学に対して影響を与えることができるシステムになっているのです。このような小学校への移行の方法も、日本に合わせた形で取り入れていく必要があるでしょう。

2　韓国における「幼児中心・遊び中心」のインクルーシブ保育

韓国における障がい児教育・保育の制度

国連総会で障害者権利条約が採択された翌年の二〇〇七年に、韓国では、「障害者の差別禁止及び権利救済に関する法律」が制定されました。それにより、障がい児に対して各園で行われるさまざまな活動への参加が制限・分離されないように「合理的配慮（正当な便宜）」を提供することが求められるようになりました。さらに、幼稚園（三歳～）からの特殊教育課程の無償化に加えての義務化、三歳未満障がい児の保育無償化も実施しており（二〇一三年からはすべての〇～五歳児の保育・教育が無償化）、日本より早期に障がい児教育・保育の無償化の制度が進んでいます。韓国では、このような制度・政策により、一般の幼稚園に通う「特殊教育対象幼児」が増加しています。

なお、韓国の幼児教育・保育の体制は、教育部（日本の文部科学省に相当する）が管轄する幼稚園と保健福祉部（日本の厚生労働省に相当する）が管轄するオリニジップ（「子どもの家」という意味で、日本の保育所に相当する）との二元体制です。幼稚園は「幼児教育法」にもとづいて運営されており、オリニジップは「乳幼児保育法」にもとづいて運営され、それぞれ、国公立、私立があります。このように、韓国と日本の幼児教育・保育の制度的枠組みは類似しており、近年、二元化を統合しようとする流れも共通しているといえます。

幼児教育・保育のガイドライン（ヌリ課程）にもとづく統合教育・保育（インクルーシブ保育）

韓国の幼児教育・保育に関する国レベルのガイドライン（指針）には、〇～二歳の乳幼児対象の「標準保育課程」と三～五歳の幼児を対象とする「ヌリ課程（幼稚園教育課程）」があります。「ヌリ課程」は、幼児教育の無償化と併行して、二〇一二年に就学前の教育と保育の質を高めるために導入されました。しかし、この「ヌリ課程」は、年齢別教育内容の規定が多く、規定にもとづき実践することが教師の負担増につながり、現場の多様性と自律性が消えて保育が画一化されたという指摘もありました。そこで「ヌリ課程」は、二〇一九年に大幅に改訂され、教師中心課程から幼児の主導的な遊びが中心となる「幼児中心・遊び中心教育課程」へ転換され、遊びを通しての学びが重視されるようになりました。幼児中心・遊び中心の保育は、カリキュラムの柔軟性を求め、子どもの興味・関心にもとづいた主体的な参加を重視しているインクルーシブ保育をつくりやすくすると考えられます。また、幼稚園の課程外においても自由な遊びや休息を保障しようとする当時の韓国政府の方針は、子どもの権利条約を反映したものではないかと考えられます。

「二〇一九改訂ヌリ課程」を受けて、「特殊教育対象幼児」のための『二〇一九改訂ヌリ課程運営支援資料』（以下、『運営支援資料』）が発行され、これにもとづいて乳幼児の教育・保育現場では「統合教育・保育」が推進されています（韓国では、幼稚園・保育所での障がい児を含むインクルーシブ教育・保育を「統合教育」「統合保育」と呼んでいる）。障がいのある幼児は、幼稚園の場合、特殊学校の幼稚園、幼稚園の特殊学級、一般学級のいずれかに在籍します。障がい児が「特殊学級」（健常児の中に障がい児が何人かいる学級）に所属する場合、「一般教師」と「特殊教師」がともに協力して支援します。「特殊教師（幼稚園特殊教師）」とは、「小・中等教育法」にもとづく特殊学校教師二級以上の免許状をもっている教師です。韓国の幼稚園では、日本とは違って、特別な資格をもった「特殊教師」が「一般教師」とともに、対等の立場で相談しながら学級を運営し、教師の自律性・同僚性を尊重し、教師自身の成長と保育の質の高まりを重視しています。

一方、保育園（オリニジップ）での「統合保育」は、「障害児統合オリニジップ」で行われています。「障害児統合オリニジップ」とは、障がい児の専担教師を配置して、定員の二〇％以内で障がい児の全日クラスを編成、運営する、あるいは、未就学障がい児三名以上で統合保育を行う保育園で、市・郡・区が指定した施設です。幼稚園と同様に、障がい児専門の資格をもった教師が配置され、常に話し合いながら協力してクラス運営にあたっています。

韓国におけるインクルーシブ保育実践

『運営支援資料』は全八巻から成り、「特殊教育対象幼児」の遊びに対する観点と支援の方向性を示しています。そして、一般幼稚園の「特殊学級」（統合教育が行われているので「統合学級」と定義されている）で行われる統合教育の遊び事例や特殊学校の遊び事例などを掲載しています。それらの事例から、韓国のインクルーシブ保育の実践をうかがい知ることができます。

「特殊学級」（統合学級）の実践事例を見ますと、スウェーデンの場合と同じように、まず、教師は障がい児やほかの幼児の様子をよく観察し声を聴いています。障がいのある幼児は何を表現して、どのような遊びを好み、何に関心をもっているのか、友だちとの遊びに参加するのかどうか、その子の特性をいかしたかかわり方や活動の方法はないか、まわりの幼児たちはその障がい児のことをどのように見ていてどのような言動があるのか、といった子どもを見る視点や実践上の課題に、教師が悩みつつ相談しながら気づいていく過程が描かれています。そして、子どもの意見表明権を尊重しつつ、どのような方向性をもって教育・保育していくか、その観点が示され、子どもたちの特徴や関心をいかす方向で教師の支援が考えられています。

たとえば、友だちとあまりかかわらない自閉症児（ジホ）が反復的に手を振る行為を、まわりの子どもたちがまねするようになったことからはじまったある四歳児クラスの実践が紹介されています。子どもに、「ジホはどうして毎日手を振っているのですか？」と問われた教師は、これは、子どもたちが偏見なくジホに関心を寄せているからこそ生じる疑問であり、それに対して教師である自分は、「手振り」は障がい児特有の行為ととらえるにとどまり、ジホにとっての手振りの意味や楽しさについて考えたことがなかったことに気づきます。そこで四歳児クラスの二人の教師は、ジホの手振りを、肯定的なかかわりのきっかけにする方法はないかと話し合い、子どもたちの中にある相手への関心と、「誰にもおもしろい姿はある」という共通点から出発する「おもしろい友だちの姿探し」という遊びを思いつき、提案してみます。すると、次々と友だちのおもしろい動作や表情を、実際にまねして見せながら出し合う子どもたち。そこからさらに、以下のように遊びが発展していきます。

友だちのおもしろい様子を動作や表情で説明していた子どもが、教師に「これは何でしょう？」と言って、ぴょんぴょん跳ねまわった。幼児の興味がこのように転換される瞬間を逃さず、Ｋ教師（一般教師）とＰ教師（特殊教師）は幼児たちに動物の名前あてクイズをやろうと提案した。

「まず問題を出したい人は前に出てやってみる？　先生にどんな動物のまねか先に教えてね」と言うと、ある子どもは何かを取ってモグモグ食べるまねをし、ほかの子どもたちは、リス、ネズミ、ゴリラなど口々に答える。しかし、あたらず、なかなかわかってもらえなかったことが悲しかったのか、落ち込んだ様子だった（教師はジホも普段同じような気持ちだったのではないかと気づく）。Ｐ教師にはその瞬間、よい考えが浮かび、「今日は答えを言わないで、明日、答えを考えるのはどう？　先生は答えを知っているので、その動物のステッカーを用意しておくね。あなたたちが動物をまねしている写真を撮っておくね。何の動物か探してみよう」と提案する。

幼児たちは、私も私も、と動物のまねをし、Ｋ教師がカメラで撮って、Ｐ教師は幼児たちが言った答えをメモ帳に書いた。ジホの順番になると、活動に関心がないように幼児たちを見ながら空中に向けて手を振る。その様子を見た幼児たちが、「ペリカン！」「ちょうちょ」「サルが木の上からこっち来て来てと、話しているみたい！」と思い思いに発言した。

幼児の降園後、教師たちは撮った写真を壁に貼り、その写真の下に、幼児たちが写真から連想した動物のステッカーを貼れるようにした。この活動を取り入れることで、幼児が「私の表現」「私の考え」が「友だちと違う」ということを自然に経験できると考えた。教師たちは子どもたち（二三人）が多様な表現が積極的にできるようにさまざまな材料を準備した。（『運営支援資料』四巻三五〜三九ページより要約）

教師は一方的に計画するのではなく、子どもたちの声に耳を傾け、一人の幼児がはじめたクイズをとらえて、全員での「動物の名前あてクイズ」遊びとして提案をしています。「教師と子どもの相互作用で教育課程をつくっていく」ということが重視されているのです。クイズの答えをすぐに言わずに、次の日まで考えさせ、多様な表現をする機会を設定していることも、子どもたちを主体的にしているといえます。このように子どもたちの声を聴き、観察し、記録し、考察する過程は、レッジョ・エミリア・アプローチでいうところの「ドキュメンテーション」の過程であり、子どもの興味・関心にもとづいた「プロジェクト活動」につながっていく考え方と共通しているといえます。

翌日、P教師はジホとともにモールに鳥の羽をつけたものをつくった。ジホはやわらかい鳥の羽の感触が気に入ってよくさわっていたので、P教師は指輪やブレスレットのようにジホの指や手首に巻いてあげた。ジホはなびく鳥の羽に関心を見せて手を振りはじめた。

昨日、鷹をまねしたジウンもジホの鳥の羽のブレスレットが気に入ったのか、隣で同じブレスレットをつくり、手につけていた。ジウンがジホのそばで鳥の羽を振ると、自分の手だけを見ていたジホがジウンの手を見た。この姿を見て、P教師は、ジホは友だちにあまり関心がなかったのではなく、友だちと共有できる遊びが少なかったのではないかと思った。

　昼食後、K教師はステッカーが貼られた写真を提示しながら、「みなさん、自分が表現したものと友だちが考えたことが同じだったり、違ったりしたね。もう一度自分が考えた動物をまねしたい人はいない?」と聞く。P教師はジホと一緒に手をあげ、その場で鳥の羽でつくった指輪とブレスレットをつけて手を振った。すると、ジウンが「ジホも私と同じ動物だよ」と言う。

　ジホは多様な動作で手を振った。それを見た幼児たちは、スズメ、鷹など鳥の名前を言った。そして、「ジホの鳥の羽、きれい! もう一度振って!」と、幼児たちはジホの手振りに関心を見せた。ほかの幼児たちも材料を用いて思い思いの動物を細かく表現していた。(『運営支援資料』四巻四一～四二ページより要約)

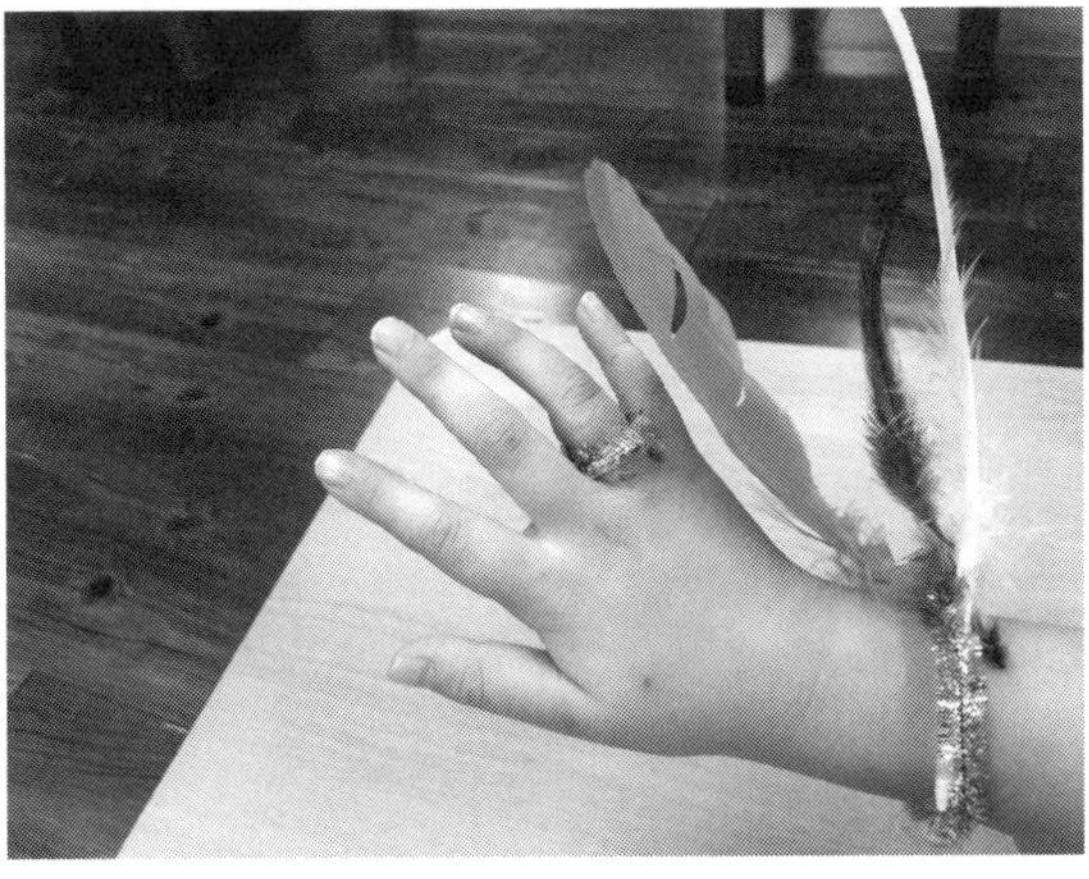

鳥の羽のブレスレット(『運営支援資料』四巻 42 ページ)

　このように、遊びが展開される中で、幼児に自分の表現や考えが友だちと違うという多様性に自然に気づかせることもねらって、材料が準備されています。それらを使って幼児たちが動物のまねをする過程で、障がい児もその友だちに気づき、動物あてクイズに参加し、遊びを共有することにつながりました。障がい児が、友だちと共有できる遊びが少なかったことに教師は気づいていきます。

　ここで紹介した実践をはじめ『運営支援資料』には、障がいの有無にかかわらず、全員の対等な参加、集団全体での多様性の認め合いと共通性の共有や個々の興味・関心・特性にもとづいて展開していく、まさに「インクルーシブ保育」の過程といえるような実践事例が紹介されています。こうした実践が、すべての園で行われているとは限りませんが、教師の話し合いや気づきのプロセスも率直に描かれた事例を共有し、子どもの思い・意見を尊重した「幼児中心」の保育を追求している韓国の取り組みに学ぶべき点があるでしょう。

参考文献

・Jane Wendsby・山本理絵・白石淑江『スウェーデンにおける「特別な権利をもつ子どもたちの」インクルーシブ保育』二〇一九年
・白石淑江・山本理絵「スウェーデンの就学前学校カリキュラム」日本保育学会・国際交流委員会「世界の保育関連指針・要領の概説」http://www.jsrec.or.jp/?page_id=20
・エリサベス・アルネール、ソルヴェイ・ソーレマン（伊集守直・光橋翠訳）『幼児から民主主義――スウェーデンの保育実践に学ぶ』新評論、二〇二一年
・白石淑江編著『スウェーデンに学ぶドキュメンテーションの活用――子どもから出発する保育実践』新評論、二〇一八年
・山本理絵「スウェーデンにおける就学前学校から小学校への移行」『生涯発達研究』第一二号、二〇二〇年
・金仙玉・工藤英美・山本理絵「韓国のインクルーシブ教育・保育の動向――『二〇一九改訂ヌリ課程運営支援資料』から」『人間発達学研究』第一三号、二〇二二年

第II部

インクルーシブ保育への道しるべ

多様性と参加をキーワードに

第1章

意見表明権の保障にもとづく「参加」のプロセス

山本理絵

1　子どもたちの対等・平等の意見表明のために

インクルーシブ保育においては、多様性を前提に、対等・平等な参加が保障されることが基本です。子どもの「参加」は、「意見表明権」にもとづきます。「意見表明権」を保障することは、言いたいことを言って終わりではなく、常に情報共有と対話にもとづいた「参加」のプロセスを重視することになります。

しかし、乳幼児は、言葉で自分の意見をうまく言い表すことができる年齢ではありません。つぶやいた言葉だけではなく、泣いたり笑ったり怒ったり、不安そうな顔や困った顔をしていたりというような子どもの表情、動作、楽しんでいること、遊び、おもしろくなさそうにしている様子、描いた絵など、非言語的コミュニケーションを含む子どもの多様な表現から、子どもの声を聴きとり、それを尊重することが重要になってきます。**「医療的ケア児」実践**のように、医療的ケアを受けており、言葉がほとんど話せない子どもの場合も、表情や視線、動作から、その気持ちや伝えようとしていることを読みとることが求められます。そして、子どもの権利条約にもとづくなら、「子どもが自己の意見を自由に表明する際に尊重されておりかつ安心できると感じられる環境を、確保しなければならない」のです。ただし、子どもは「意見を聴かれる権利を行使したいか否か選べる」ということも重要で、言わない・表現しない権利もあります。

また、保育者が聴きとるだけではなく、子ども同士お互いの思いを聴きとり、話し合っていくことが必要です。もちろん、保育者は常にそのようなことに心がけていると思います。しかし、保育者側からの一方的な「発達を促す」「指導的立場」としての理想や価値観の基準、固定的な「常識」にもとづいて、子どもたちの言動を判断し方向づけていることはないでしょうか。保育者が考える子どもにとっての「最善の利益」と子ども自身にとっての「最善の利益」が異なっていることはないでしょうか。子どもの「意見表明権」を尊重するとは、具体的にどういうことでしょうか。以下に、意見表明を保障する際の留意点をまとめてみます。

❶十分な環境の整備や情報が提供される

子どもたちが自分の見解・意見を表明するためには、興味をもったり考えたりできる環境や情報の提供が必要です。言葉にならない子どもたちの行為から思いを聴きとり、興味・関心に合ったおもちゃや保育環境が提供されたり、どこにどのような教材が置いてあるのか、いつごろ、どこで、どのような活動・行事が予定されているのか、制限や選択肢は何かなど、必要に応じて情報が伝えられたりされなければなりません。「何をしたい？」と聴いても、目の前に限られた選択肢しかなかったり、楽しい経験をしたことがなかったりした場合、「やりたいこと」は出てこないでしょう。環境や情報、経験によるイメージによって、子どもたちの思いや意見は変わってきます。

「保育者の協働」実践では、クラスを隔てていたパーテーションを外して、多様な遊びを選択できるようにしたことによって、子どもたちが二クラスの部屋を自由に行き来できるようになりました。いろいろなおもちゃやほかの子どもが遊んでいる様子が見わたせるようになり、おもしろそうな遊びをしているグループに刺激されたり、そこへ行って参加させてもらったりできるようになっています。各遊びの小グループの中に保育者（加配の保育者も含めて）がいて、必要に応じて子どもたちのサポートをすることもできるようになっています。また、子どもたちが楽しんでいた活動を写真に撮って子どもたちの目に入るところに貼っておいたり、「やりたい」と言ったことを書いてリストとして掲示しておいたり、つくったものを飾っておいたりと、可視化（ドキュメンテーション）することによって、それらを共有し、次にやりたいことを考える材料となります。とくにイメージしにくい子どもも、自分の思いを表現しにくい子どもにとっては、そのような環境が助けになると思われます。

「脱・あるべき姿」実践で、四歳児になって、ジュズダマつなぎを「私もやりたい！」と言ったナツも、突然言い出したのではなく、できあがったきれいなネックレスやブレスレットが飾られているのを見ていて、自分でもやってみたい気持ちがふくらんでいったのだと考えられます。

また、クラスに障がいのある子どもや外国にルーツのある子どもが在籍していなくても、いろいろな肌の色・髪の色をした人や車椅子や松葉杖の人、赤ちゃんからお年寄りまでの多様な人形やミニチュア、多様な人々が登場する絵本・紙芝居などが環境として備えられている必要があります。日常的に多様な人がいて当たり前であることを感じる環境をつくっておくことが、インクルーシブ保育にとって重要でしょう。

❷やっていることを否定しない、「やりたくない」に耳を傾ける

子どもたちが言いたいことを言えるようになるためには、「言ったりやったりすることを否定されない」集団であることが大事です。**「多文化共生」実践**では、外国にルーツのある子どもたちが、走りまわったりすることも、言葉が通じなかったり頼りにできる人もいない不安の表れなのではないかととらえ、それを受け入れ安心して楽しく過ごせることを第一に考えること、そこから対話がはじまっていきます。保育者は、走りまわる子と一緒に走ってみたり、泥まみれになって遊んでみることによって、子どもたちの気持ちをつかもうとしたり、年齢にこだわらず、興味を惹くような絵本や遊びを試してみたりしています。このように、保育者が提案したことや日課になっている活動に、子どもが参加しなかったり、「やりたくない」と拒否されたりしたとしても、保育者の思いはいったん置いておいて、「やりたくない」の裏にある思いや「やりたいこと」を探っていくことも必要です。その子の

やりたいこと、表現していることの意味をつかみ、それがより楽しめる環境に誘ったり、遊びを提案したり一緒に考えたりすることも重要でしょう。

また、**「多文化共生」実践**では、ブラジルの子どもたちの遊びと日本の子どもたちの遊びに分かれて遊んでいても、保育者は無理に融合させようとせず、それぞれの文化にもとづいて安心して遊ぶことを尊重していました。まずは今やっていることを否定しないで、そのおもしろさや文化、その意味を理解しようとすることは、どの子にとっても重要です。[1]

子どもは思いを安心して出せるようになると、そこから自分でやりたいことを選び、主体的に生活するようになっていきます。そうすると子どもたちの中からはやりたいことがたくさん出てきて、保育者は「どんなふうに実現しようか？」と子どもたちと話し合いながら進めていく日々が一層楽しくなっていっています。

❸聴いてもらえる場の設定

さらに、**「多文化共生」実践**では、「お話タイム」という、自分の見せたいもの、伝えたいものを子どもたちに発表してもらう場を設けていました。そこでの「言葉」は、日本語に限定せず、子どもが表現したい言葉、表現しやすい言語で、ものを見せて語ることも含まれています。そして、保育者は子どもたちの言葉一つひとつにオーバーなほどリアクションをとって、「聴いているよ」「言ってもいいんだよ」という雰囲気をつくっていました。お話タイムだけでは話せない場合は、いろいろな隙間時間に保育者は子どもたちの話を聴いています。こうやって聴いてもらえることがわかると、子どもたちは、先生が話していることにも耳を傾けるようになり、また友だちがどのような遊びをしていたのかも知り合うようになっていきます。そして、四歳児クラスになると、子どもたちが生活する中で困ったことをどう解決すればよいかも、みんなで知恵を出し合うようになっています。聴いてもらうだけではなく、仲間の話を聴き、自分の意見も伝える場に変わっていったといいます。さらに、五歳児になると、自分たちが遊んでいる内容を伝え合い、お互いに質問しながら、互いの遊びをより深く知り合うようになっていっています。

話し合いは、何かを決めるときだけに行うものではなく、日常的に、日ごろ思っていること、知ってもらいたい、聴いてほしいという子どもたちの欲求を満たすものとして行われる必要があります。困っていることや嫌だったこと、うれしかったことなど、いろいろな思いをため込まないで、みんなで共有することが大事です。外見からはわからない子どもの思いが表現されることもあります。そしてまずは、保育者が子どもたちのことを知る機会になります。また、なんでも言える雰囲気をつくることによって、困ったことや、みんなで一緒にやりたいことの相談もできるようになっていきます。こんなこと言ったら恥ずかしいなどと思わず、なんでも言っていいんだ、みんなが聴いてくれる、そして、友だちの話を聴くことによっておもしろさを発見することができるということが、話し合いを経験する中でわかってきます。そうして、主張の強い子どもの要望に左右されるのではなく、自分とは違う相手の意見も聴き、対等に話し合い、それぞれの違いを理解し認めることができるのではないかと思います。

保育者の役割としては、**「多文化共生」実践**の中では、聞き役から、代弁してほかの子どもたちにも伝わるように媒介する役、子どもたちが提案し主導的に話し合い、持ち味を発揮できるようにサポートする役に変わっていっています。また、保育者は自分から発言することが少ない子どもには、やっていた活動などについて質問して簡単な感想を言ってもらったり、個別に意見を聴いたりすることはありますが、無理に表現させることはしていません。集団の中でほかの子どもが表現するのを聴くことも「参加」ととらえられます。そして、その過程で、集団が安心して自分の思いを出せる居場所となっていきます。表現の方法としては、日本語が話せない子どもには母語で話すことを保障したり、言語ではなく絵で表現したりするなど、安心して伝えられる多様な方法に配慮する必要があります。[2]

このような聴いてもらえる場では、遊びの中での会話とは違って、自分の経験や思いをふり返って、より他者に伝わるように話すようになり、言語の獲得にもつながります。フィンランドの幼児教育・保育のナショナルカリキュラムガイドラインには、就学一年前の教育において、読み書き能力の基礎は、「子どもたちが聞き、傾聴し、聴かれ、話し、話され、人々が子どもたちと話し合い、子どもが質問し答えてもらうことを経験することである」と書かれています。そして、話され、書かれた言語を観察し、探求することに関心を向け、自分の気持ちや望み、意見、考えについて話し、討論し、観察したことや結論を言葉で表現することに慣れていき、積極的な聞き手、話し手に育っていくことが、言葉の分野における目標として掲げられています。[3]日本語の獲得に困難がある子どもたちにとっても、**「多文化共生」実践**のような「お話タイム」は、効果的であったといえます。

また、**「保育者の協働」実践**のように、加配保育士も含めて、保育者同士が保育をふり返り、子どもたちについて共感的に対話する場も必要です。園内の職員が対等・平等の関係で、言いたいことが言い合えたり、情報を共有したり、主体的に判断して保育できたりする関係にあることが、子どもたちの意見表明権を保障し、やりたいことを実現することにもつながっています。

❹子どもたちが選びとる・選ばれる

「脱・あるべき姿」実践では、保育者が「発達年齢を考慮して」綿密に立てた保育計画や一方的に決めて設定した遊びではなく、自由遊びを多くし、自分で選んで遊ぶ活動の中で、衝動性が強く自己コントロールがうまくできなかった子が、あこがれの年上の子と一緒に遊びたくて、その子に言われると我慢して順番を守るようになっています。また、四歳児になったナツがジュズダマつなぎをうまくできずに心が折れてしまっているときに、保育者の励ましより、五歳児の「私が手伝ってあげようか？」「ナッちゃんもちょっとがんばってみたらいいのに〜」に励まされ、再び取り組みはじめた場面がありました。ここでも、五歳児からは、四歳児との違いがわかったうえで、つくりたいという同じ気持ちを共有・共感し、〝手伝ってあげればもうちょっとでできるのに〟〝私も最初はうまくできなかったけど、できるようになったから、ナッちゃんもきっとできるよ〟〝決めるのはあなただけど〟というような相手を尊重し認め合うメッセージを感じたのではないでしょうか。経験者からの説得力のある励ましに心を動かされ、自分の中で挑戦することを選びとったのでしょう。

医療的ケアを受けている子どもに対しても、普段の食事場面でどれを食べるか選ぶことを保障したり、遊びの絵を見せてどちらがよいか選んでもらったり、かけっこのときにバギーを押してもらいたい友だちを本人が指名（指さし）したりすることを大事にしていました。指名された子にも選ばれた喜びがあります（**「医療的ケア児」実践**）。

自由遊びの場面だけではなく、運動会などの行事の内容についても、クラスみんなが同じことをするのではなく、それぞれがいくつかの種類の中から選んで好きなやり方で参加している園もあります。**「医療的ケア児」実践**では、運動会では、竹馬の乗り方や距離、かけっこを誰と一緒にどのくらいの距離を走るかは、各自が選んで決めていました。自分の気持ちを言葉で表現することが容易にはできない乳幼児たちにとっては、何をどのようにするか、誰とするかを選ぶことによって、より自分の気持ちを自覚することができ、意見表明しやすくなります。与えられた限られた選択肢の中から仕方なく選ぶのではなく、よりやりたいものを選びとるということが大事です。そのことによって、まわりの大人も子どもたちも、その子の思っていることに気づきやすくなります。

❺子どもたちが考え、ルールを自分たちでつくる

保育者は、子どもが「次の活動にスムーズに移ることができない」「切り替えができない」などの悩みをもつことがあると思います。日課の立て方自体を考え直してみる必要がある場合もあります。**「脱・あるべき姿」実践**、**「保育者の協働」実践**のように、必要がなければ朝の集まりはしない、遊びの区切りがついた子どもから昼食をとる、といった子どもたちの熱中している遊びを中断しなくてよいよ

うな、一日の流れを考える必要があります。そのような日課も、一年間固定的にとらえるのではなく、個々の遊びをみんなで共有したいときや、個々の遊びが発展して共同での遊びが盛り上がり、話し合いや打ち合わせが必要になったときに集まるなど、その時期の子どもたちが暮らしやすいスケジュールや生活上のルールを一緒に考えていくことが重要ではないでしょうか。

遊びの場面においても、決められたルール通りに遊ぶのではなく、子どもたちが意見を出し合って、創意工夫したり、ルールをつくったりしていくことが大事です。とくに異年齢保育では、年齢差がある中で、いかに楽しく一緒に遊ぶかを考えると、必然的に遊びのルールを自分たちでつくり出すことになります。五歳児は、ケイドロのルールを無視する三歳児には怒らなくなりますし、四歳児に対しては特別ルールを決めたりしています（**「脱・あるべき姿」実践**）。年齢に限らず、自分たちが安心して楽しく遊べるためのルールを子どもたちが考えて決めることは重要です。大人には思いつかないようなアイデアが出され、多くの子どもたちが参加できる遊びに発展していくこともあります。

ある保育園では、鬼ごっこでタッチされると鬼になりたがらない五歳児がいて遊びが続けられない状況がありました。そのころ、忍者ごっこが流行っていて、その子は、タッチされそうになると、とっさに忍法「壁の術！」「透明の術！」と言って鬼を回避します。ズルイと思われるかもしれませんが、それを見ていた三歳児は「カッコイイ！」とまねします。それから「忍者鬼ごっこ」がブームとなり、多様な「術」を編み出そうと多くの子どもたちが主体的に参加するようになりました。子どもたちにはアイデアを考えるおもしろさがあり、多様な参加の仕方が保障され、つかまらない安心感があるのです。

こうして、子どもたちがやりたいと思ったことを自分たちで考えて実現した体験が積み重なることによって、思いを表現すれば実現できることを実感し、ますます、やりたいことを表明するようになり、活動が発展していきます。

2　インクルーシブの過程と「参加」の質的発展

保育がインクルーシブになるためには、子どもたちの意見表明権の尊重にもとづいた「参加」が重要になってくることは述べた通りです。その「参加」の形態や質はいろいろあり、インクルーシブ保育は、急にできあがるものではなく、徐々に発展していくプロセスとしてとらえる必要があります。

インクルーシブ保育は、誰も排除することなく多様性を認め合って対等・平等な関係を築いていくことを目指していますので、どのような認め合いが集団にあるのかという視点から実践を見ると、「存在」を認める、「違う価値」を認める、「共通性」を認めるの三つの段階の発展が見られます。そこでの「参加」の仕方は、保育者と子どもたちがどのように意見表明し対話がなされ活動しているかという視点から見ると、違う者同士の対話はあまりないが無視されたり排除されたりせず、その場に受け入れられて安心していられる段階、個々の興味や関心にもとづいて個別の活動に主体的に参加している「共生」の段階、目標を共有して「共同（協同を含む）」活動に取り組む段階があります。「参加」の状態によって、そこでつくられる関係性は違ってきます。「参加」は、**図1**のように質的に発展し、それにともなってインクルーシブな関係性も広がり深まっていくととらえることができるのではないでしょうか。もちろん、直線的に発展するわけではなく、活動の種類や内容、年齢によっても、「参加」の形態や状態は変わってきますが、「共生」の土台がない集団での「共同・協同」は、ぎこちない関係性になるのではないでしょうか。また、質的に発展した「参加」を実現できることによって、安心感もさらにふくらみ、「共同」活動ではない場面でも対等・平等のインクルーシブな関係性が保たれるでしょう。以下、それぞれの「参加」とインクルーシブの発展段階を見ていきます。

❶ 違う存在を認める

まず、保育者は、個々の願い（潜在的なものも含

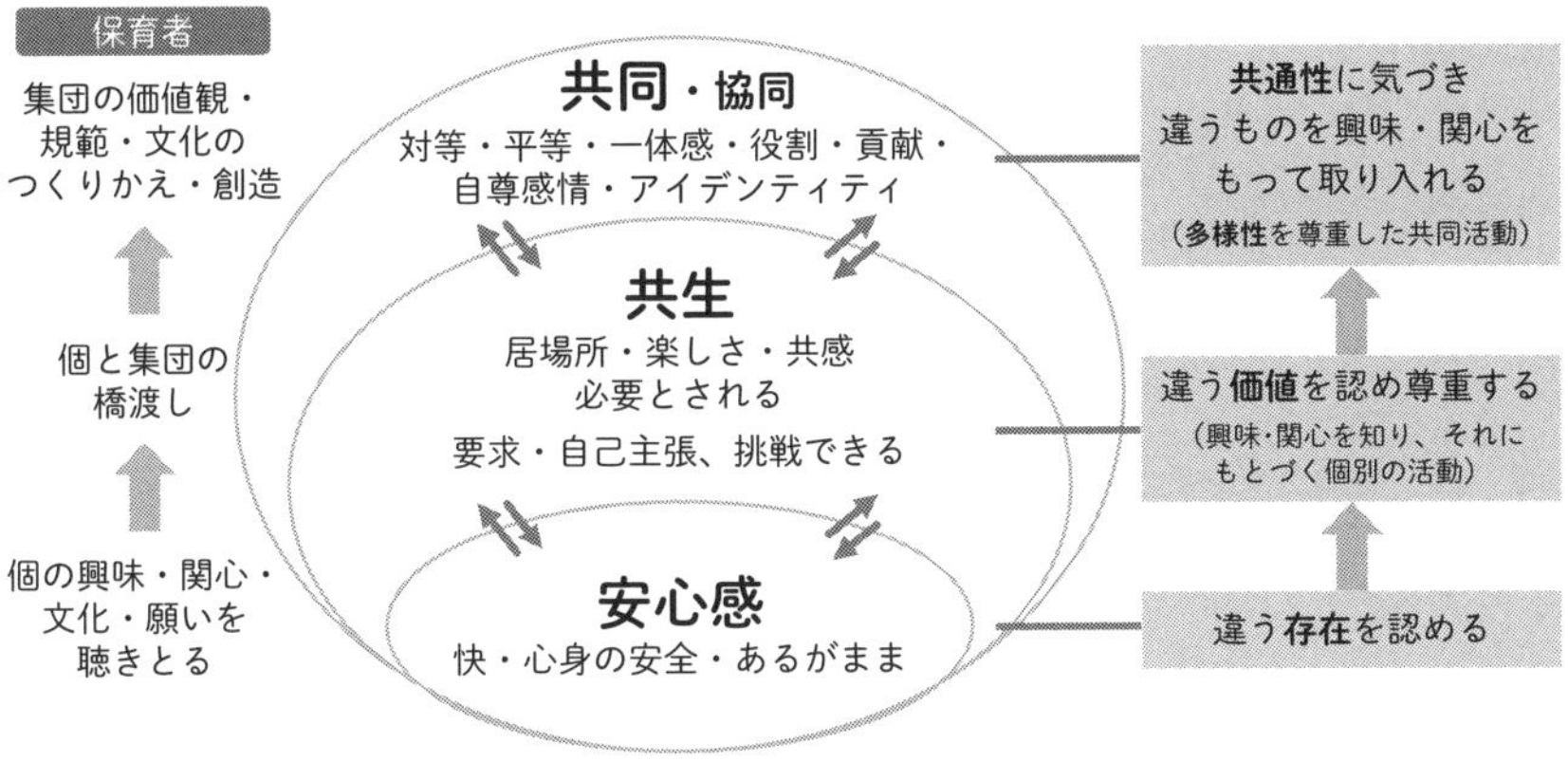

図1　インクルーシブ保育における参加と育ち合い　　筆者作成

め）を聴きとることによって、子どもたちは自分とは違う存在（遊びの興味・特技・生活の文化・習慣・意見・表現の仕方・身体などの違い）であることを感じても、その存在のあるがままを認め、受け入れることによって、子どもたちに安心感・安全や快の情動が生まれます。**「多文化共生」実践**では、言葉がわからず走りまわる子どもに保育者が一緒についてまわったり、泥んこ遊びがはじまれば保育者も一緒に泥まみれになって遊んだりして、その子を受け入れようとしています。医療的ケアが必要な子どもは、話せなかったり歩けなかったり、その外見がほかの子どもたちとは違っていることがありますが、その子が安心してクラスにいられるように、その子が楽しいこと、好きなことは何か、何を言いたいのか、表情を見ながら保育者と子どもたちが一緒に探っていっています（**「医療的ケア児」実践**）。その子が興味をもっていることを尊重して、不安を受け止め、安心できる場を確保したりすることによって、自分は排除されていない、自分の気持ちをわかってもらえているという信頼関係がつくられていきます。お互いに何をしているか知らない、我関せずという状態とは区別されます。

❷ 違う価値を認め尊重する

その安心感を土台に、自由遊びの場面では保育者と一緒に、または少人数の気の合う友だちと好きな遊びを楽しんだり、楽しい雰囲気の中で、友だちのやっていることを見て自分もまねしてやってみようとしたりするでしょう。**「多文化共生」実践**のように「お話タイム」などで各自の楽しかったことや見せたいものを発表してもらうことによって、それぞれの好きなことやおもしろそうなことを知り合い、集団で共有することができます。

子どもたちが、自分（たち）のやりたい活動を思い思いに行っている「参加」は、「共生」の状態であるといえ、さらにその「共生」の中でも、「お互いに響きあう関係で全体がにぎわっている」共生（conviviality 共愉）の状態であるととらえられます。[4] それは自分がやりたい活動をそれぞれ楽しんでいる状態で、個々の遊びが行き来したりゆるやかなつながりをもって進んでいったりしていきます。組織的な遊び・活動ではなくても、まずそのような楽しい雰囲気を共有することが、インクルーシブ保育にとって重要でしょう。

ここでは、それぞれ自分がやってみたいことを要求したり自己主張したり、挑戦したりしようとすることができ、興味や関心にもとづいた少人数での個別の活動がいくつか行われていきます。保育者は、子どもたちの中に入って遊びと遊びをつなげる役割を果たしたり、そのような活動の中から、集団のみんなが興味をもって取り組めそうな遊びを取り上げたりして、子どもたちの中からごっこ遊びなどが広がっていきます。個別の活動だけではなく、漠然とテーマ（忍者ごっこ、コンサートごっこなど）を共有して、その中で自分のやりたいことや思いついたことをそれぞれが影響を与え合いながら取り組んでいる場合もあります。このような「参加」は「共生」の状態の中でも、「相互に関心をもち肯定的な影響を与えている」共生（symbiosis）だと位置づけられます。[5] 自由遊びの中で、ほかの子が遊んでいるものを見て自分もやりたくなったり、保育者と発達のゆるやかな子の遊びに関心をもって、まわりの子どもたちもその遊びに参加し楽しむ姿も見られます。**「保育者の協働」実践**では「上から下から」のわらべ歌に合わせた乳児期によく楽しまれる感覚遊びを年中児も楽しむ関係が見られます。**「医療的ケア児」実践**のプールでは、それぞれが自分のやり方で楽しみながら、れいを含め友だちがどのような楽しみ方をしているか気にかけて見合いっこしながら、共感しています。全員の子どもが思っていることを言葉で表現できるわけではないので、まわりの子どもたちが友だちの意見表明を手助けすることもあります。**「脱・あるべき姿」実践**で、散歩で手をつなごうとしない友だちを気にかけ、どのように声をかければ手をつないでくれるか、相手の立場に立って考えた子もいました。子どもたちはまねしてやってみたり、自分と違う思いや理由を聴いたり考えたりしながら、違う価値を認め合い、尊重し、お互いの興味・関心や、何に熱中していたかなどを知り合うことができます。しゃべらないと思われていた子がしゃべっていることに気づいたり（**「保育者の協働」実践**）、外国にルーツのある子どもや医療的ケアが必要な子どもでも、何が好きなのか、楽しめるものは何か、その行為にどういう意味があるのかを、保育者と子ども集団で積極的に知ろうとしていました。また、お互いの興味・関心や思いなどを知り合う中で、共感できることもあり、挑戦してみようかどうしようかと迷っている友だちの背中を押したり、支え合うような姿も見られるようになっていきます。

こうして、子どもたちは互いに刺激し合い影響を及ぼし合って活動を発展させます。**「多文化共生」実践**では、最初は日本の鬼ごっことブラジルの鬼ごっこを、それぞれ安心できる仲間と一緒に楽しんでいました。保育者がブラジルのジャンケンを教えてもらい、お話タイムで共有することによって、相互に影響を与え、ブラジルの子どもたちと日本の子どもたちがそれぞれ互いの遊びを行き交うようになりました。泥団子をこわされたという生活の中で困ったことについての日本語での話し合いも、ブラジルの子どもたちが関心をもってじっと聞き耳を立てていました。ここでは、「共生」から「共同」への移行が見られます。それぞれの違う文化を知り合いながら、お互いに興味・関心をもち、違うものを取り入れていこうとする姿が出てきました。子どもたち相互の信頼関係もいちだんと深まり、「安心感」をもって一緒に過ごしたり依存したりできる関係も広がっていきます。

❸共通性に気づき、違うものを積極的に取り入れる

集団で話し合って、明確な目標・イメージや見通しを共有して活動に子どもたちが意識的に取り組む「参加」の形態は「共同」です。**「医療的ケア児」実践**では、プールで自分の技を披露する「カッパ祭り」や、運動会でのチーム対抗の綱引きなどをしていました。

「共同」の中でも、自分ひとりでできないことを実現するために、目標をはっきりとさせて役割分担を決めて協力して行う活動は「協同」といえます（お店屋さんごっこ、音楽会や劇の役割分担など）。**「多文化共生」実践**では、自分たちが楽しかったことは、ほかのクラスにもお客さんになってもらって一緒に楽しみたいという意識が高まり、子どもたち自らが発案し、計画、準備するお店屋さんごっこに発展していっています。ここでは、「すべての子どもが共に生活できるように生活の在り方を創造し、協働的に活動している状態」だと考えられます。

しかし、この「共同・協同」は、全員が参加することを強制するものではなく、みんなが同じ参加の仕方をするわけではありません。**「医療的ケア児」実践**のP保育園の運動会では、「かけっこ」という同じテーマで、一緒に走りたい友だちと（一人でも）走りたい距離だけ走るという、多様性がありま

す。それぞれの違いを尊重したうえで、相手の立場に立って、相手に合わせたり、一緒に楽しむ方法を考えたりします。れいに選ばれた子は喜んで一緒にバギーを押して走るのですが、最初は速さの加減がわからなかったのが、次第にお互いに心地よいスピードがわかってきます。じゃんけん列車も、やりたい子どもたちからはじまり、じゃんけんがあまり好きではない子はれいのバギーを押す担当になります。れいのじゃんけんの表現をまわりの子どもたちは、一生懸命読みとろうとします。

「多文化共生」実践では、お店屋さんごっこに、日本の踊りとブラジルの踊りのグループがあったが、お互いの音楽を聴いてそのかっこよさや楽しさを共有し、混じり合って歌と踊りを楽しみ、「アイドルショー」という一つの出し物になっていっています。子どもたちからみんなでやりたいことを表明して活動がはじまる場合もあれば、保育者が子どもたちの興味・関心を読みとって活動を提案することもあるでしょう。いずれにせよ、その活動のプロセスで、子どもたち全員のアイデアや多様な参加の仕方が聴きとられ、子どもたちが自分たちで考え合いながら進んでいくことが重要です。

このように、子どもたちは、一緒に活動する中で、その活動のおもしろさや友だちの人柄・持ち味などを、より深く知り合い、共通性（好きなこと、できること、気持ちは同じなど）にも気づきます。それとともに、自分と違うものも興味・関心をもって取り入れてみようとしたりし、多様性を尊重しながら同じ目的を共有した共同活動・協同活動をより発展させていくのではないかと考えられます。

そこでは、一方的に「やってあげる」「譲ってあげる」ような関係ではなく、真の意味で対等・平等な関係が築かれます。共同活動がより組織的な協働的活動になってくると、役割や方法を話し合って決めて実行するときに、お互いの思いの違いやイメージの違いから衝突が起きることもあります。

「多文化共生」実践のように、パン屋さんのパンが売りきれてなくなって困ったりするというようなこともありますが、共通の目的を達成するために相互に理解し合いながら相談し解決策を探して、それぞれに合った役割を担い、貢献していきます。医療的ケア児のように言葉が通じなくても、好きな遊びは何か、一緒に楽しめることは何かを探って遊んでいく中で、相互関係がつくられていき、障がいがあっても興味をもったトライアングルやツリーチャイムを鳴らす役割を満足感をもって果たしていっています。ここでは、言語や表現方法の違いは障壁とはならず、気持ちが通じ合えているといえます。また少し困難なことでも、ほかの子どもたちに教えてもらったり、お互いに支え合ったりすることができるようになっていき、集団の一員としての所属感や仲間意識を強めていきます。

「脱・あるべき姿」実践では、卒園前の発表会で五歳児全員でけん玉の「もしかめ」をすると決めて、練習を続けていました。発表会当日、ナツ一人がフィニッシュが決まらず何分も残ってやり続けている場面で、まわりの子どもたちは、急かしたり、あせったりせずに、じっと見守っていました。自分も練習してできるようになったので、ナツもきっとできる、これまでどの子も誰かに支えてもらってきた経験があり、少し失敗しても誰も馬鹿にしたりしないという信頼関係があります。インクルーシブ保育であれば必ずしも同じ技を見せなくてもよいのですが、子どもたちはがんばっていたナツに刺激されて挑戦してきたので、全員で披露したいという思い、早い遅いにとらわれない価値観、自分が早く終わっても全員が終わってこそ一つの出し物だという集団の一体感のような関係がそこにはあったのではないでしょうか。そのような過程で、お互いに認められ自分自身を知り自尊感情も育っていくと考えられます。

自由遊びの場面でも、次第にお互いに友だちを求めて遊ぶようになっていくでしょう。もちろん、どの時期でも、一人で遊びたいとき、みんなと違う遊びをしたいときはあるので、それは尊重されなければいけません。

❹お互いの価値観を豊かにする

インクルーシブ保育の過程では、保育者は、個々の関心や好きな遊びを集団で共有する橋渡しをしながら、保育者・職員同士の対等・平等な関係の中で、自分自身の価値観や集団の価値観、規範・文化をつくりかえ、創造していくことになります。運動会や発表会などの行事のやり方、給食の食べ方、その日の活動内容の決め方、朝の集まりの方法（集まるか集まらないかも含めて）、日課の組み立てなど、これまでのやり方を見直していく必要が出てきます。そして、それは、どの形態・方法が正解かというものではなく、そのときどきの集団の求めているものと合意によって、子どもたちにとってベストなものが考え出されていくということだと思います。また、保育者自身の特技や持ち味もお互いに認め合い、十分発揮され、安心して楽しんで保育できることが大切です。

このようなプロセスを通して、子ども集団の中の支配的な価値観・規範・文化も、変わっていきます。多様な対話・参加を通して、少数派が多数派の文化・規範・価値観に合わせるのではなく、集団に新たな文化が広まったり、今まで当たり前だと思っていたことを問い直されるような価値観の転換が生じたりします。一方、少数派で特異な特徴や興味をもっていると思われていた子どもは、そのよさや魅力を理解してもらえ、ほかの子どもたちとの接点が広がり、その特技・持ち味をいかして集団の活動を充実させたり、その子の特技・持ち味自体が質的に発展したりし、相互に高まっていきます。このようなプロセスの中で、子どもも大人も育ち合っていくのがインクルーシブ保育なのではないかと考えます。

なお、オーストラリアの保育指針にあたるフレームワーク（Early Years Learning Framework（EYLF）2009）には、保育者の文化的能力（cultural compitence）について次のように書かれています。「文化的能力に秀でた教育者は、様々な文化によって異なる知り方、見方、生き方を尊重し、多様性のメリットをたたえ、違いを理解し尊重する能力をもっています。このことは、教育者が日々の実践の中で、家庭やコミュニティと双方向のコミュニケーションによって、自らの文化的能力を開発しようとする継続的な努力を見せるときに明らかです。教育者は、子どもたちの being（存在）と belonging（帰属）と becoming（生成）のために、さらに生涯を通しての学びの成功のために、文化や家庭のコンテクストを重要視するのです。教育者は子どもたちの文化的能力の育成にも努めます。／文化的能力は、文化的相違への認識をはるかに超えるものです。文化を超えて互いを理解し、コミュニケーションをとり、効果的に交流する能力です。文化的能力には以下が含まれます。・自分自身の世界観を自覚すること／・文化的相違点に前向きな態度を構築すること／・異なる文化的慣習や世界観についての知識を得ること／・文化を超えたコミュニケーションや交流の技能を発達させること」。

保育者には、自分自身がもっている価値観を自覚し、異なる文化や世界観を知り理解し、尊重したうえでかかわる力が求められているといえます。本稿では、家庭・保護者の声を聴きとりながら進めるインクルーシブ保育については特段ふれることができませんでしたが、基本的には子どもとのかかわりと同様の姿勢が重要であると考えます。保護者とともにインクルーシブ保育をつくっていけることを願っています。

注

1 国連・子どもの権利委員会による「一般的意見十二号：意見を聴かれる子どもの権利」（二〇〇九年採択）の中では、「乳幼児期の教育プログラムを含むあらゆる教育環境において、参加型学習環境における子どもたちの積極的役割が促進されるべきである」「教授および学習においては、子どもたちの生活条件および展望が考慮に入れられなければならない。そのため、教育当局はカリキュラムおよび学校プログラムの計画に子どもたちおよびその親の意見を含めなければならない」と指摘されています。保育の計画や日々の活動内容には、それぞれの生活を背景とした子どもたちの好みや意見が反映され、積極的な参加が図られる必要があるのです。

2「一般的意見十二号」においては、「子ども中心の双方向型学習のために必要な協力と相互支援を刺激するような人間関係的雰囲気を教室につくり出すためには、子どもたちの参加が欠かせない。子どもたちの意見を重視することは、差別の解消、いじめの防止および規律維持のための措置においてとりわけ重要である」と指摘されています。また、「意見を聴かれる権利を子どもが行使する際には、意見を表明しやすい、励ましに富んだ環境が用意されなければならない」と述べられています。

3 STAKES (2004), National Curriculum Guidelines on Early Childhood Education and Care in Finland. Helsinki.

4 浜谷は、子どもの参加の状態としてA1協調・共同、A2共生（symbiosis）・自立共生 or 共愉（conviviality）を定義しているが、本稿ではこれを参考に、参加の質的発展を提案した。

浜谷直人編著『多様性が生きるインクルーシブ保育』ミネルヴァ書房、二〇一八年、二一三〜二一四ページ

5 同右。

第2章

多種多様なインクルーシブ保育が共有する原則とは

浜谷直人

1 障がいの社会モデル

障がいとはどういうことなのか、それをどう定義するか、これは社会の変化や時代とともに変わってきました。とくに、近年生じている大きな変化は、インクルーシブ保育を理解し実践するうえで欠くことのできない知識です。

私たちは、たとえば、交通事故にあうと脳内出血して脳の形態が損傷を受けた状態になったりしますが、それをインペアメントと呼びます。その結果半身不随になったり、会話ができなくなったりします。ダウン症児では、生得的な染色体の疾患がインペアメントであり、そのため知的・運動発達などの遅れが生じます。自閉スペクトラム症やＡＤＨＤなどの発達障がいの場合は、依然として不明な点が多いのですが、インペアメントは、脳・中枢神経系の形態・機能に何らかの異変がある状態だと考えられています、その結果、コミュニケーション・対人関係の問題や多動などの症状が出現すると考えられています。

私たちは、知的障がい、身体障がい、視覚障がい、聴覚障がい、発達障がいなどの言葉で、インペアメント（普通ではない個人の身体的・精神的（医学的）特徴）とそれによって生じる個人の変化（通常ではない状態への変化）を、一緒（不可分なもの）にして障がいと考えてきました。こういう考え方は、障がいの医学モデルと呼ばれます。保育においても、医学モデルに慣れ親しんで当たり前のように考えてきた歴史があります。このため、個人のインペアメントに注目して、それを個人レベルで、治療したり、それによって生じると考えられる発達の遅れ・偏りや症状などを改善することが目標になってきました。

一方、近年、国際的には、障がいとは、「インペアメントと社会的障壁との相互作用によって、社会参加が妨げられる事態」と考える見方が広がってきています。これを障がいの社会モデルと呼びます。この定義によれば、インペアメントやそれによって生じる発達の遅れ・偏りなどは、それ自体が障がいではないと考えます。インペアメントをもっている個人と社会との接点において、社会的な障壁があるゆえに、個人の社会参加が難しくなっている状態を「障がい」と考えます。こう定義すると、個人の問題以上に、個人の参加を妨げる社会的障壁に注目することになります。医学モデルで考えてきた人にとって、これは、すぐにはなじみにくい考え方かもしれませんが、支援が必要な子どもの保育においては、社会モデルに立つことは、子ども理解のコペルニクス的な転換となり、保育実践の可能性を広げてくれます。

医学モデルと社会モデル、どちらかが正しくて、どちらかが誤りであるということではありませんが、どのモデルに立つかによって、障がいにどうアプローチするかが違ってきます。現在でも医学モデルに立って障がいについて考えることの意義は大きいのですが、それ以上に社会モデルから障がいの問題に取り組もうという方向へ変わってきています。医学モデルに立つと、現状の保育はそのままにして、インペアメントをもつ子に「個別指導のほうがいい」「小集団抽出指導がいい」などと、能力や発達水準別の均等な集団編成を行いながら発達をいかに引き上げるか、障がいをいかに軽減するかという発想になります。しかしそれでは参加を妨げられる事態は改善できません。むしろ、かえって参加することを阻害することさえあります。

社会モデルに立つと「参加を妨げる社会的障壁」とは何か、それはどう改善できるのかということが課題になってきます。たとえば、肢体不自由の人が移動する際の段差などは、私たちが、すでによく知っている社会的な障壁です。こういう物理的な障壁は、比較的容易に理解できるのに対して、私たちの社会制度や常識などにどのような障壁があるかについては、なかなか自覚できません。とりわけ、保育において、どんな社会的な障壁があり、それが、インペアメントをもっている子どもの参加を困難にしているかは、これまで十分に検討されてきませんでした。

2 保育の中にある社会的障壁

子どもたちが保育に参加する（影響力を行使する）権利を妨げる障壁には、どのようなものがあるでしょうか？　この問いは、言い換えると、子どもたちの声・意見に耳を傾けて、その意見を保育にいかすことを妨げる障壁には、どのようなものがあるかを問うことになります。おそらく、筆者も気づかないことを含めて、ほとんど、無数にあると考えられます。そのうち、重要ないくつかのことについて、前章で述べてあります。ここでは、保育現場で広く見られる重大な障壁、時間に関する障壁について考えてみます。

保育は、月案、週案、日案など、一定の期間に行う活動についての計画があり、それにもとづいて行われるのが一般的です。保育者は子どもの状態を考慮に入れて計画を作成するとしても、実際には、いろいろな場面で、子どもは、自分の気持ち（意見）が尊重されることなく、時間が進行していると感じているのではないでしょうか。たとえば、序章の**エピソード❶**の翔太のように、集まりの時間になっても、それまでの活動をやめないで続けようとする子どもがいる場面は、頻繁にあります。これは、「場面の切り替えが難しい」子どもの問題として語られます。しかし、実際には、保育の進行（大人の都合・予定）と子どもの時間感覚（子どもの意見）とのずれによって生じるものでしょう。

子どもの視点に立てば、柔軟性のない進行予定は、社会的障壁になります。このエピソードの園・保育者は、切り替えの時間は、子どもによって幅があるし、ときには切り替えることができない子どもがいても、それを寛容に受け入れることを園全体の職員で共通理解しています。それで、翔太の意見を尊重する（社会的障壁がない状態にする）ことができました。ところが、予定した時間（ときには、分単位の時刻）で切り替えることを全員の子どもに一律に要求する保育はめずらしくありません。そのように時間（時刻）に厳格な保育は、子どもが参加する権利を阻む障壁となります。

時間については、切り替えが難しい問題とは正反対な障壁があります。子どもが「待てない」という状況で保育者が抱える悩みです。準備が整うまで、子どもたちに静かに待つように言ったり、多数の子どもが順番に一つのことをするときに待つように言ったりした場面で、子どもがじっとしていない状況は、「待てない」という言葉で子どもの問題として語られます。しかし、多くの場合、子どもが「楽しい時間を過ごしたい（退屈は嫌だ）」という意見を尊重しないから生じる問題でしょう。このように、「切り替えさせる」「待たせる」状態が生まれる保育は、子どもの参加する権利を侵害する障壁ではないでしょうか。

たくさんの行事が年間計画に組み込まれ、そのスケジュールが優先される「行事を中心に組み立てられる保育」では、時間に関連する社会的障壁が頻発することが避けられません。とりわけ、行事ごとに集団としてのできばえを重視して、練習時間が組み込まれ、そのスケジュールに合うように子どもに要求する保育では、「切り替えが難しい」「待てない」現象が頻繁にあらわれます。「今は、昨日の遊びをしたい」「練習よりも楽しいことをしたい」とか、「天気がいいので、公園で遊びたい」などの子どもの意見を尊重できない場面が多くなるからです。子どもの意見が尊重されない状態が続けば、子どもは意見を言うことをあきらめるようになります。仮に、大人の指示を待つ子どもや、自分の考えや意見を言うことを抑制する子どもたちが多い場合、保育の中で、自分の意見を表明し参加する権利を享受できているかどうか検討するべきではないでしょうか。

コロナ禍で、登園する子どもの数が減り、行事について、それが本当に子どもにとって必要かを職員全体で検討し、最小限に削減したりして、原点に立ち戻って保育を見直し、子ども一人ひとりを大切にする保育を考えたという報告が、いたるところで聞かれました。保育の中に潜んでいる社会的障壁について、私たちが気づくきっかけになりました。子ども一人ひとりの権利と多様性を大切にするという意味でインクルーシブな保育について考える機会になったのではないでしょうか。

3 インクルーシブ保育実践において重視される原則

一〇数年前から、全国各地の保育現場で、クラスに支援が必要な子どもが何人もいて、それまでの保育ができなくなったという悲鳴のような訴えを聞くようになりました。本書の**第Ⅰ部**に紹介した実践も、その背景に異同はあるにしても、それまでの自分たちの保育が子どもたちに通用しなくなったという共通点があります。

筆者は、年度はじめに、そういう状況に直面した園・クラスが、長期的に（多くの場合、一年をかけての）実践を創造して、すばらしい仲間関係や豊かな活動を構築した事例について実践の詳細な経過をインタビューさせていただきました。それらには、どの子どもも排除されない、一人ひとりの意見が尊重される保育を構築したという共通点がありました。言い換えれば、インクルーシブな保育がつくり上げられていたのです。

それらの実践の経過を分析すると、かなり共通する、ある種の保育実践の原則とでも呼ぶべきものが浮かび上がってきました。それは、本書の**第Ⅰ部**の各実践においても、かなりの程度、共通にあります。これらの原則は、一斉保育において前提とすることや、子どもの年齢を目安に保育活動を決めることなどとは異なっています。以下に列挙して説明します。

A　活動内容に関する原則

どんな活動をするかは、子どもが関心をもって取り組みたいことを尊重し、子どもと保育者が対話することを通して決定される。保育者は、子どもたちに経験してほしいことや育ってほしいことを念頭においた保育計画を作成して保育を構想し実践するとしても、それ以上に、子どもの関心が豊かに醸成される環境を整備し、子どもの関心を丁寧に聴きとり（意見表明権の尊重）、子どもとともに活動し（遊び）ながら楽しみ、臨機応変に、子どもの関心を引き出し、発見し、育て、次への活動へと導く役割を担う。

保育の環境が貧困では、子どもが取り組みたい活動を見いだすことができないという意味で意見を尊重する基盤がない。豊かな環境とは、園内の空間、遊具、素材、園外の自然などだけでなく、保育者そのものが子どもにとって環境であり、楽しい話や活動の契機となるような幅広い人間性や教養を有していることも重要である。また、子どもの関心は、保育者の想像や想定をこえている場合が少なくなく、子どもの発想に柔軟に対応することで、この原則は実現できる。

B　活動時間の開始と終了に関する原則

朝の会、主活動、自由遊び、食事など、保育には日課と呼ばれる活動があり、それらが展開して進む。それらの活動をいつ開始して終了するかについて、保育者の予定や計画はあるとしても、子どもの活動が展開する経過を重視し、子どもが開始したくなる時点や終了したくなるときを尊重して臨機応変に進める。大人や保育の都合の時間による進行という観点以上に、子どもの時間を丁寧に受け止め尊重する。

四月の当初は、子どもたち一人ひとりの時間には比較的大きなばらつきがあるが、ほかの原則や前章で列挙した留意点などを重視した保育を継続することで、一人ひとりの子どもの時間が仲間の時間として一定の幅の中に収束して、次第に、集団としての開始時間や終了時間になっていくが、これらは、仲間づくりの成果による。しかし、仲間づくりを経験しても、仲間の時間とは別に、自分だけの時間を大切にしたいときがあったり、そういう傾向が強い子どもがいたりする場合があり、それは尊重する。

C　活動の歴史性の原則

保育者が提案する活動に子どもが受動的に取り組むのではなく、子どもたちが自発的に活動することを期待する。その際、子どもの取り組む活動に時間的なつながりがあることを大切にする。つまり、今日の活動は、昨日の活動の延長にあり、明日の活動の方向性をつくり出す。保育者は、子どもが自発的につくり出した活動の中に魅力を見いだし、子ども間の活動をつなげたりしながら、さらに楽しく発展するよう関与する。

子どもの意見というのは、子どものそれまでの経験（歴史）に由来する部分が大きい。したがって、保育者が子どもの活動を子どもと一緒にふり返ることで、子どもの意見は立ち現れてくる。また、ふり返ることが可能になるためには、子どもの活動経過を保存し、仲間と一緒に可視化し、共有できることが求められる。子どもの制作過程のものなどをすぐにこわして片づけてしまうと、活動が発展すること（歴史性）を阻害してしまう。活動経過を仲間や保育者や、ときには保護者とともに共有することによって、子ども個の意見・仲間の意見が立ち現れてくる。

D　活動の生成と発展のダイナミクスに関する原則

子どもたちの意見を尊重すれば、最初から全員で同じ活動をすることは通常は生じない。クラスの活動は、一人からはじまることがあったり、少人数からはじまったりすることが自然である。そのローカルで生じた活動の魅力がほかの子どもたちにも伝わっていくことでより大きな仲間の活動へと発展していく。保育者は、楽しく魅力的な活動を見いだし、ほかの子どもたちにも理解できるようにして仲間につなげることで、クラス全体の活動になることがある。

多くのインクルーシブな保育実践が示唆するのは、特異な関心があり、こだわりが強い子どもが熱中して楽しく遊んでいる様子を見て、ほかの子どもがそれに魅力を感じて、一緒にしたいと取り組むことが契機となって、次第にクラス全体の楽しい活動になっていく例が多いことである。

E　カリキュラムの柔軟性に関する原則

年間計画や月案、週案、日案などを立てて、子どもたちに経験してほしい活動を事前に計画することの意義は大きい。しかし、その活動を子どもたちに提示しても、関心を示さないで、別のことをしたいなどの意見を表明したときには、柔軟かつ臨機応変に計画を変更する。

計画する活動の中でも、子どもの意見に応じて変更可能であるかどうかは、計画内容によって異なる。たとえば、年間行事（運動会、生活発表会）などは、子どもの意見を尊重して中止したり別の活動に切り替えたりすることには大きな困難をともなう。あるいは、参加したくないと希望する一人ないしは少数の子どもだけが別の活動をしている状態を保障することも容易ではない。変更することが容易ではない活動は、計画に組み込むことに慎重であるべきである。

4　保育形態とインクルーシブ保育との関係――インクルーシブ保育は特定の保育形態ではない

わが国では、年齢別クラス編成による、いわゆる一斉保育という保育形態が広く行われてきました。一斉保育では、活動内容も、活動時間も、基本的に保育者が決定し、年間計画や月案、日案などのカリキュラムにもとづいて子どもが全員一斉に同じ行動をするように保育者が促す場面が多いのが普通です。もちろん、一斉保育といっても、詳細に保育の内実を見ればさまざまなので、一律にどれも同じではありませんが、子どもの意見を尊重すること、つまり、子どもが保育に関する重大な決定に関与するという意味で参加することを重視しません。ただし、上記の五つの原則を大切にして保育を継続することで、年度の後半には、保育者が提示する日課が子どもたちの意見を反映したものになると同時に、子どもたちの活動がつながって、仲間として一定の時間の範囲で一緒に行動する場面が増えて、次第に、外見上は、一斉保育のように見える状態になることはあります。しかし、本書第Ⅰ部の実践を含めて私たちがインタビューなどで詳細を知ることができた「多様な支援が必要な子どもがたくさんいる状況」においては、一斉保育を続けることが困難になり、インクルーシブな保育へ転換せざるを得なくなることがわかりました。

年齢別クラス編成保育では、たいていは子どもたちが同じ水準の発達課題を有していることを前提とします。全員に同じ保育を行うことが課題であると考えて、子ども一人ひとりの違いを尊重し、子ども一人ひとりの意見を聴くという姿勢が希薄になるのではないでしょうか。そうすると、子どもによっては、望まない課題に取り組むことを要求されて、楽しくなかったり、苦しくなったりします。そういう状況を改善しようと、異年齢保育に移行する保育園があります。

また、活動への子どもの主体性を大切にしたいと考えて、プロジェクト型保育を志向することがあります。たしかに、子どもの意見を大切にして子どもが活動に参加できるという観点で、プロジェクト型の活動には、**原則A**（活動内容を子どもが主体的に決定する）や**原則C**（活動を継続発展する）を重視できる可能性があります。一方で、実際には、質の高い活動をつくり上げようとして、活動の枠組みや発想を保育者が主導して決定する場合には、一部の子どもだけの意見が尊重されたり、一部の子どもだけが参加している状況になる危険性があります。

一日中、基本的に、子どもが好きなことをする自由保育の中には、自由にしていいと言われた子どもが、何をしていいかわからずに、手持ち無沙汰で退屈している状況になる場合があります。子どもの意見が尊重されているように見えますが、実際には、コーナーで自由に遊ぶことを基本とする保育においても、子どもがいくつかのコーナーの活動から、選択できるという狭い範囲では意見が尊重されますが、しばしば、限られたコーナーでの活動に制約される状況で選択していることがあり、それが、本当に選択しているといえるのかという問題があります。自由という名だけでの、実際は不自由な状態になっていることはめずらしくありません。自由保育やコーナー保育においても、多様な環境を提供して、子どもの活動の歴史性を大切にして活動の生成と発展のダイナミクスを十分に考慮した保育実践によってはじめて、インクルーシブな保育になります。

第Ⅰ部では、一斉保育を見直したり、年齢別保育から異年齢保育に転換したりすることで、インクルーシブな保育が実現できた実践が紹介されました。また、一つのテーマで長期間活動をつくり上げることでインクルーシブな保育が立ち現れてくる事例に、筆者は、いくつも出会いました。だからと言って、異年齢保育やプロジェクト型の保育であれば、インクルーシブな保育が実現できることを意味しないことは言うまでもありません。プロジェクト型保育を進めながら、同時に一斉保育が併行していることはよく見られることです。改めて確認したいのは、子どもの人権と尊厳を尊重し、一人ひとりの多様性と平等を実現して、そのときどきの子どもたちの意見を尊重しながら対話を重ね、その園の環境をいかして柔軟に保育を創造することでインクルーシブな保育に近づくという事実です。

おわりに

本書の編著者七名は、二〇一九年度の科研費研究（科学研究助成事業）の共同研究者として、「障害と多文化を包摂するインクルーシブ保育の理論化と実践モデルの構築」をテーマに研究に取り組んできました。障がいを中心としたインクルーシブ保育、多文化共生教育・保育、海外の保育を研究するメンバーが集まって、保育の現状を伝え合い、それぞれの分野の見方や考え方を語り合い議論を重ねました。その過程は、まさに、対話を通して違いを認め合い、違いをいかして新しいものが生まれるインクルーシブ保育のプロセスに似ていました。

対話から生まれたのは、子どもの人権と子どもの権利条約の中でもとくに意見表明権を重視する立場です。多文化と障がいをつなぐ概念が共有されたことで、一気に理論が更新され、実践のイメージがふくらんできました。そして、外国にルーツのある子どもの存在が違和感なくインクルーシブ保育に位置づきました。インクルーシブ保育は、直訳して、包摂保育といわれることもありますが、まさに、障がいも多文化も包み込むインクルーシブ保育です。

本書では、四つの実践が取り上げられました。外国にルーツのある子ども、家庭の複雑な背景を抱える子ども、発達が気になる子ども、そして、今後保育現場において受け入れが進んでいく医療的ケアが必要な重い障がいのある子どもがいる実践です。

そこでは、個別の配慮が強化されるのではなく、保育全体のあり方が見直されました。多様な背景をもつ子どもたちが、どの子も自分らしく安心して生きいきと生活するためには、どのような環境がよいのか、どのような子どもたちの関係が望ましいのか、保育者たちが悩み、話し合い、試行錯誤をして、新たな保育にたどり着いていく過程が共通して浮かび上がってきました。

困難に直面したとき、保育者は、分断ではなく、共生、協働を選択しました。インクルーシブ保育への転換でした。こうして本書では、「これまでの当たり前を見直す」ということが、実践を描くうえでの一つのキーワードになっていきました。

といっても、このような実践の過程は、特別な園や地域だからできた特別な経験というわけではありません。このことは、次の調査からも改めて確認されました。研究メンバー七名が二〇二〇年に共同研究として行ったコロナ禍のインクルーシブ保育の調査[1]です。

コロナ禍は、子どもや保育者に大きな負担とストレスを生みました。保育者は、その困難の中で、今まで一斉に行っていた当たり前の保育や行事を見直さざるを得なくなりました。子どもの安全を守りながら、遊びと安心できる生活を守るためにはどのような保育ができるのかを考え試行錯誤する中で、一斉活動をやめ、小グループに分かれて柔軟でゆったりと過ごす保育をはじめた園もありました。その中で、保育者は一人ひとりの子どもの持ち味がよく見え、子どもの意見（声）が聞こえてくるようになったといいます。子どもの声からはじまる保育の価値が確認されたといえるでしょう。コロナ禍は、もう二度と経験したくはないですが、多くの園にとって価値観の見直しを迫られる経験でもありました。

どんな価値観を大事にして、そのためには、どんな保育が望ましいのか、そう考えるとき、新たな保育のあり方が模索されます。社会や家庭が変化し、子どもの姿が多様化する保育現場において、どの子の意見も尊重され、ともに育つ保育を追求するとき、本書がその道しるべの一つになれば、こんなにうれしいことはありません。

出版が具体的に構想されてからは、ひとなる書房の松井玲子さんとの協働作業がはじまりました。松井さんの伴走がなければ、本書の完成はありませんでした。オンラインでの編集会議を重ね、二日がかりの対面合宿も行いました。全員で一つずつ丁寧に原稿を検討し、コンセプトを確認し、構成を考える中で、松井さんの鋭いコメントやアドバイス、そしてアイデアが、一人ひとりの役割を明確にし、本書が一つになっていきました。この場を借りて、心から感謝申し上げます。

筆者としては、当初、カバンに入れてもかさばらないような、気軽に読める本がいいのではとも考えていましたが、これまで述べたような過程をへて、七人全員の力を結集した結果、それなりに厚みのある本になりました。全員がそれぞれの持ち味を発揮して、執筆を分担できたことは何よりでした。出版に向けて取り組んできた時間はかけがえのないものでした。

また、実践を描くにあたって、保育現場の保育者の方々に多大なご協力をいただきました。お忙しい中、実践について何度も語っていただき、現場を観察させていただき、さまざまな資料を提供していただきました。そして、筆者らによる研究者の視点からの考察に対して、実践の当事者として考えたことを「応答」として寄稿いただきました。とても貴重な学びの機会となり、子どもや保育を知る楽しい時間でもありました。改めて、心から感謝申し上げます。
本書が、すべての子どもの意見が尊重され、どの子も、そして保育者も生きいきできる生活につながることを心から願っています。

二〇二三年　節分

芦澤清音

1 東京都公立保育園研究会『広報』二五四号、二〇二一年、六〜一五ページ

本書は、二〇一九年度科学研究費基盤研究C課題番号19K02596（研究代表者　芦澤清音）の一部である。

● **編著者**（執筆順）

芦澤 清音（あしざわ・きよね）――発達障がい児を中心に「ともに育つ保育」の視点から研究と保育者養成、保育現場の巡回相談に携わる。帝京大学教育学部教授。

浜谷 直人（はまたに・なおと）――かけがえのない子どもたちが保育の場に「参加」することを大切にしてインクルーシブ保育の理論研究に取り組む。東京都立大学名誉教授。

五十嵐 元子（いがらし・もとこ）――東京都内で保育現場の巡回相談に携わり、子どもや保育者の「対話」をテーマに研究を進めている。白梅学園大学子ども学部准教授。

林 恵（はやし・めぐみ）――生活する社会と異なる外国の文化で育つ子どもたちを中心に、マイノリティと保育について研究を進めている。足利短期大学こども学科教授。

三山 岳（みやま・がく）――保育現場の巡回相談を通じて、インクルーシブな環境の形成に取り組む保育者の支援のあり方を研究している。愛知県立大学教育福祉学部准教授。

飯野 雄大（いいの・たけひろ）――保育・学校現場での巡回相談等に携わり、現在は保育者・教師の「所属感」に関心をもって研究に取り組む。山梨学院短期大学保育科准教授。

山本 理絵（やまもと・りえ）――保育者や学生と一緒に実践検討しながら、集団関係の発展と保育者の役割について研究を進めている。愛知県立大学教育福祉学部教授。

● **実践・「実践者からの応答」執筆者**

辻川眞由美・田中千陽・関山真加・西岡菜絵・加藤雅美 他

● **装幀**――山田道弘

● **本文イラスト**――伊野緑（第Ⅰ部第１・２章）・西岡友紀（第Ⅰ部第４章）

● **カバーイラスト**――セキ・ウサコ

すべての子どもの権利を実現するインクルーシブ保育へ
多文化共生・障がい・家庭支援・医療的ケア

2023年4月20日　初版発行
2024年2月20日　二刷発行

編著者　芦澤清音 他
発行者　名古屋研一

発行所　㈱ひとなる書房
東京都文京区本郷2-17-13
電話　03-3811-1372
FAX　03-3811-1383
e-mail: hitonaru@alles.or.jp

組版／リュウズ　印刷／中央精版印刷株式会社
＊落丁本，乱丁本はお取り替え致します。